Quoi FAIRE QUAND TOUT VA MAL ?

155.24
G6799

120087

Données de catalogage avant publication (Canada)

Gosselin, Louis

Quoi faire quand tout va mal?

(Collection Psychologie)

ISBN 2-7640-0594-6

1. Changement (Psychologie). 2. Autodéveloppement. 3. Réalisation de soi.
I. Titre. II. Collection: Collection Psychologie (Éditions Quebecor).

BF637.C4G67 2002   155.2'4   C2002-940660-9

LES ÉDITIONS QUEBECOR
7, chemin Bates
Outremont (Québec)
H2V 4V7
Tél.: (514) 270-1746

©2002, Les Éditions Quebecor
Bibliothèque nationale du Québec
Bibliothèque nationale du Canada

Éditeur: Jacques Simard
Coordonnatrice de la production: Dianne Rioux
Conception de la couverture: Bernard Langlois
Illustration de la couverture: Susan Leopold/Masterfile
Correction d'épreuves: Francine St-Jean
Infographie: Claude Bergeron

Nous reconnaissons l'aide financière du gouvernement du Canada par l'entremise
du Programme d'Aide au Développement de l'Industrie de l'Édition pour nos activités d'édition.

Gouvernement du Québec — Programme de crédit d'impôt pour l'édition de
livres — Gestion SODEC.

Imprimé au Canada

Louis Gosselin

Quoi FAIRE QUAND TOUT VA MAL?

LES ÉDITIONS
Quebecor
⊕ QUEBECOR MEDIA

Merci à ma compagne Suzanne, pour les longues heures de discussion consacrées au sujet de ce livre.

Un merci tout spécial à Messieurs Jean Lapointe et Pierre Légaré pour leur générosité.

Avant-propos

Dire qu'il y a vingt ans à peine, on nous prédisait la société des loisirs! Plus besoin de travailler cinq jours d'affilée, le travail à la maison étant devenu la règle. Ce qu'on appelait avec prudence la «technologie» allait nous faciliter la vie. Bien sûr, il se perdrait quelques emplois ici et là en raison de l'arrivée des machines mais, quand même, la qualité de vie de l'ensemble de la population serait grandement améliorée.

Malheureusement, les choses ne se sont pas déroulées comme le prévoyaient les futurologues... enfin, pas pour la grande majorité d'entre nous. Bien sûr, nous avons le magnétoscope, la télévision numérique, le four à micro-ondes, la console de jeux vidéo, mais tous ces gadgets ont-ils vraiment changé nos vies aussi profondément qu'on l'avait anticipé?

Ceux et celles qui travaillent à la maison portent le titre de travailleurs autonomes et si plusieurs en retirent de grands avantages, d'autres subissent le stress de la recherche de contrats et travaillent souvent deux fois plus que s'ils étaient des employés de bureau.

Sur le plan familial, les vingt dernières années ont été marquées par la multiplication des familles reconstituées et des... séparations. D'ailleurs, il faudra sans doute attendre encore une génération ou deux avant de connaître exactement les conséquences de ces changements familiaux importants sur la société.

Ajoutons le manque de ressources dans les services sociaux, les listes d'attente, l'insécurité, la situation mondiale de plus en plus complexe, la pauvreté, le terrorisme, et nous voilà pris dans un tourbillon d'événements sur lesquels nous n'avons, malheureusement, que très peu de contrôle. Faut-il vraiment se surprendre du fait que nous ayons de la difficulté à bien vivre? Faut-il s'étonner que, par moments, la vie nous semble insupportable? Poser ces questions, c'est y répondre.

Tout le monde connaît des périodes difficiles dans la vie. Pour certains, cela dure quelques jours; pour d'autres, cela s'échelonne sur des années. Quand ces moments surviennent, on dirait que tout s'effondre. On a soudainement le sentiment d'être aspiré dans un trou sans fin. Les malheurs s'accumulent, les amis s'éloignent, la déprime survient et, dans plusieurs cas, se transforme en dépression. Tous ces maux peuvent même mener au suicide ou encore à des gestes désespérés à l'endroit des autres.

Avant d'en arriver là, il faut comprendre ce qui se passe en nous et pourquoi cela se passe ainsi. Qu'est-ce qui fait que, tout à coup, notre vie se met à mal aller? Il faut donc chercher des pistes de solutions et, ma foi, elles sont nombreuses lorsqu'on s'y arrête. Alors, que peut-on faire quand tout va mal? Les pages qui suivent contiennent plusieurs suggestions.

CHAPITRE 1

Pourquoi tout se met à mal aller?

J e diviserais notre vie en trois grandes activités: les obligations, les préoccupations et les plaisirs. Que l'on soit jeune ou vieux, marié ou non, gay ou hétéro, pratiquant ou pas, la vie au quotidien est composée de ces trois catégories. Dans une journée de 24 heures, nous nous obligeons à effectuer certaines tâches, nous pensons constamment à une foule de choses que nous devrions ou voudrions faire et, enfin, s'il reste un peu de temps, nous profitons d'un moment de détente et de plaisir. Ces trois mots simples (obligations, préoccupations et plaisir) renferment cependant des centaines, voire des milliers, d'activités exigeant un temps énorme.

Toutes nos activités quotidiennes passent d'abord par notre pensée. Avant de réaliser une tâche, nous y pensons et la seule façon de percevoir l'instant qui vient déterminera si cette action sera une corvée ou non. Nous devons apprendre à devenir maître de nos pensées et de nos perceptions.

Les obligations

De façon générale, nous n'aimons pas nous sentir obligés de faire telle ou telle chose. Nous préférons de loin avoir l'impression de diriger notre propre vie selon nos goûts et nos envies du moment. Nous aimons, pour la plupart, avoir le contrôle de nos activités. Dans les faits, la réalité est tout autre.

Le saut du lit se fait très souvent d'une façon brutale. Le réveille-matin nous tire du sommeil et, aussitôt, une foule de pensées se bousculent dans notre tête. Il faut réveiller les enfants, faire le petit déjeuner pour tout le monde, prendre une douche, choisir ses vêtements, habiller les plus petits, prévoir les lunchs et les collations ainsi que le repas du soir, prendre les enfants à la garderie, ne pas oublier de passer chez le dentiste, le nettoyeur, l'épicier, le garage et autres, selon les jours. Il faut aussi trouver du temps pour effectuer quelques corvées de maison et, bien sûr, faire sa journée de travail en donnant son plein rendement. Ah oui! ce soir, réunion de parents. Ce sont là des obligations constituant la base d'une seule journée dans nos vies.

Il faut aussi ajouter les autres obligations que nous nous imposons, comme travailler quelques heures supplémentaires pour obtenir un peu plus d'argent ou tout simplement faire de l'exercice pour avoir meilleure allure. Combien d'heures par jour pour toutes ces obligations?

Le pire, c'est que nous sommes sans doute d'accord à en prendre autant sur nos épaules parce que ce que nous en tirons nous semble nécessaire: plus d'argent, satisfaction du travail bien fait, sens du devoir et des responsabilités envers ses enfants ou l'impression d'être actif et bien vivant. Mais voilà, notre journée de 24 heures ne s'arrête pas là.

Les préoccupations

En plus de nos obligations, nous avons aussi des préoccupations, c'est-à-dire des soucis concernant des situations ou des obligations que nous ne devons pas nécessairement accomplir tout de suite, mais qui nous trottent constamment dans la tête. Alors, pendant que nous remplissons nos obligations, nous pensons aussi à celles qui viendront tôt ou tard.

Par exemple, l'argent est une préoccupation quotidienne pour la grande majorité d'entre nous, soit par peur d'en manquer, soit par besoin immédiat ou pour l'avenir. L'argent est une réalité incontournable. D'ailleurs, les médias nous bombardent de stratégies pour préparer notre vieillesse et les gouvernements nous encouragent à en mettre de côté le plus possible... pour nous en donner le moins possible le jour de notre retraite!

L'argent est donc devenu un sujet de discussion quotidien et une de nos préoccupations principales. Voici un exemple. Comme l'hiver approche, nous pensons au fait que nos enfants ont besoin de nouvelles bottes; c'est, à ce stade, l'une de nos préoccupations. Puis, la préoccupation devient obligation: la première neige est tombée et nous devons vite nous rendre au magasin de chaussures, une course qui nous gruge plusieurs minutes de notre journée. Ensuite, le fait de dépenser nous préoccupe et nous rappelle à quel point il est difficile de gagner de l'argent et de se procurer les produits dont on a besoin et qui coûtent de plus en plus cher. Si, par malheur, on est sans emploi ou qu'on manque temporairement d'argent, le bouton «panique» est automatiquement actionné. Résultat de la démarche: une élévation soudaine du stress. Les exemples de ce genre sont très nombreux dans une année, vous en conviendrez, et leur accumulation contribue sans aucun doute à nous rendre la vie difficile.

Les préoccupations quotidiennes peuvent prendre différentes formes. Pour certains, ce sera une simple pensée qui revient souvent à propos de leur aspect physique. Rides ou courbatures pour les plus âgés; ventre, calvitie, nez énorme, seins tombants pour les autres. Rien de bien grave en soi, mais toujours cette petite pensée qui vient nous hanter à des moments inattendus de la journée. Elle nous rappelle à quel point il serait important de faire de l'exercice, de s'inscrire à un centre de conditionnement physique, d'aller courir ou danser une ou deux fois par semaine.

Si on n'y parvient pas, un sentiment de culpabilité s'installe, celui de ne pas réussir à se discipliner. On prend ensuite conscience que l'on est débordé et que la vie n'a aucun sens. Le processus de dévalorisation de soi alors en marche est souvent le début d'une série de désagréments donnant l'impression que tout va mal.

Autres exemples de préoccupations qui peuvent surgir à tout moment: la peur de vieillir, un travail qui ne nous satisfait plus, l'inquiétude causée par les petits problèmes des enfants, les dettes accumulées dont nous n'arrivons pas à nous débarrasser. Il nous arrive aussi de nous sentir préoccupés par notre propre avenir, par le fait que nous ayons peu d'amis en comparaison avec d'autres personnes de notre entourage ou parce que nos vieux parents requerront bientôt davantage de soins de notre part.

Dans une seule petite journée, nous pouvons aussi nous sentir déprimés quelques instants parce que nous trouvons que nous n'avons pas assez de temps pour commencer un nouveau projet, que nous souffrons de solitude, que nous voudrions suivre des cours, etc. Parfois, nous passons de longues minutes à brasser des idées noires sur les déceptions et les désillusions que nous avons eues dans notre vie. Nous sommes aussi parfois cloués au lit en raison d'une vilaine grippe ou d'un mal de dos. Il arrive également que le temps nous affecte, en raison du froid, de la pluie ou du manque de lumière. Toutes ces préoccupations, s'ajoutant à nos obligations quotidiennes, font en sorte que nos journées sont un lourd fardeau sur le plan mental.

Or, nous ne pensons qu'à une seule chose à la fois: si elle est stressante, nous devenons stressés. Et si nous sommes stressés pendant plusieurs heures dans une même journée, il n'est pas étonnant que les choses se mettent à mal aller.

Le plaisir

Heureusement, pour compenser, la dernière catégorie d'activités à laquelle nous pouvons consacrer un peu de temps s'appelle «détente et plaisir»! C'est probablement la plus intéressante mais aussi, malheureusement, la plus difficile à mettre en application dans notre quotidien. Aller au cinéma, au restaurant, jouer ou écouter de la musique, peindre, faire du jogging, des mots croisés, des casse-tête, jouer aux quilles, marcher en forêt, faire du sport, flâner dans les boutiques, bricoler ou prendre un café avec des amis, toutes ces actions demandent aussi du temps. Comme la journée n'a que 24 heures et qu'elle est partagée entre obligations et préoccupations, c'est souvent le plaisir qui écope. En sortons-nous vraiment gagnants?

Avoir du plaisir, se faire plaisir, attirer le plaisir sont des notions connues et des phrases toutes faites, mais combien difficiles à appliquer dans le quotidien! Pourtant, c'est l'une des premières façons de se sortir d'une impasse.

Quand tout va mal, il faut s'arrêter
pour prendre soin de soi.

L'influence des médias

Depuis quelques décennies déjà, sans s'en apercevoir, la société moderne nous a fourni des outils remarquables pour nous développer mais, en même temps, elle nous a tendu le piège de la vitesse. Malgré toute notre bonne volonté, nous nous laissons prendre par le rythme effréné de la consommation. Bien sûr, plusieurs personnes travaillent de longues heures à petits salaires seulement pour satisfaire leurs besoins de base, mais chacun doit néanmoins prendre conscience des efforts demandés pour suivre la parade.

Chaque jour, la publicité nous renvoie des images de performance, de rapidité et d'efficacité. Tout le monde s'attend à être aussi performant dans sa vie familiale, professionnelle et même sexuelle que les modèles présentés. Notre entourage s'attend à cela de nous... et nous espérons être à la hauteur de ses attentes.

16

Il y aurait tellement à dire sur le pouvoir de la télévision dans nos vies depuis sa création! Au début, dans les années cinquante, la télévision devait être un moyen d'information et de divertissement. Aux quelques heures de diffusion quotidienne en direct ont succédé des émissions de tous les genres, qui viennent de tous les pays, 24 heures par jour.

Rapidement, la télévision est devenue omniprésente dans nos vies. Pour bien des gens, elle a même remplacé la radio le matin. Dans plusieurs foyers maintenant, le premier geste du matin consiste à allumer le téléviseur. Les concepteurs ont réussi à nous convaincre qu'il était tellement plus simple, rapide et agréable d'avaler des images toutes faites que de s'imaginer les événements à partir d'une voix radiophonique.

De jour en jour, la télévision nous propose des modèles à suivre dans ses émissions et ses films. Nous sommes toujours libres de nous identifier ou non à ces personnages, mais une chose est certaine: nous y voyons à peu près toujours ce que nous devrions ou ce que nous pourrions être si nous étions capables d'être quelqu'un d'autre.

Les médias nous renseignent sur l'état de notre monde, mais ils ne suivent aucune règle ou presque. C'est d'abord le spectacle qui compte et non le spectateur ou les faits. Nous recevons des informations en vrac de partout, vraies ou fausses, touchant différents sujets et nous devons les trier nous-mêmes afin de nous faire une idée de ce qu'est vraiment le monde. Or, la perception des choses et des événements peut varier grandement d'un individu à un autre. Un reportage sur une tragédie humaine ou un drame familial peut, en même temps, attrister profondément une personne et provoquer une extrême agressivité chez une autre, mais les médias ne s'occupent pas des conséquences de toute cette information diffusée partout sur la planète.

Il ne s'agit pas de revenir cinquante ans en arrière et de souhaiter que la télévision et les médias disparaissent. Cependant, la prudence et le discernement s'imposent. Vous êtes-vous déjà demandé jusqu'à quel point votre opinion était dictée par ce que vous voyiez ou entendiez dans les médias? Appréciez-vous vraiment les nouvelles modes, les nouveaux films ou êtes-vous influencé par ce que la masse semble penser? Quelle est vraiment votre opinion sur un conflit entre deux pays, par exemple celui qui oppose Israël et la Palestine? Êtes-vous suffisamment informé pour élaborer une opinion personnelle ou vous fiez-vous seulement sur les quelques nouvelles et analyses que vous avez entendues un soir?

Or, toute l'information que nous recevons en une seule journée a une influence directe sur notre humeur et notre personnalité. C'est là un autre drame de notre époque. Nous devons maintenant avoir rapidement une opinion sur tous les sujets et, par surcroît, cette opinion doit être tranchée. Nous sommes d'ailleurs portés à juger sévèrement les gens qui n'ont pas vraiment d'opinion par rapport aux événements qui surviennent. Ils passent pour des «pas vites», comme on dit. Or, pourquoi nous imposer à nous-mêmes cette vitesse? Pourquoi ne pas aller à notre propre rythme, celui qui nous convient et qui nous laisse dans un état d'esprit plus calme, peu importe ce que les autres penseront? Facile à dire mais pas facile à faire. (Dans les chapitres ultérieurs, je présenterai des exercices pratiques pour vous aider à apprivoiser votre rythme.)

Parlant de rythme fou, tout le monde est d'accord pour dire que les magasins exagèrent lorsqu'ils font la promotion de la rentrée des classes en plein été, qu'ils nous préparent à la fête de Noël à partir de la mi-octobre ou que les ventes de fin de saison surviennent trois jours après le début de la saison! Influencés par les médias, nous nous laissons prendre au jeu et, malgré quelques timides critiques, nous acceptons la situation.

La société de consommation nous a appris à jouer deux ou trois coups à l'avance. Tout va très vite, trop vite, mais réalisons-nous les effets réels de ce rythme fou sur notre quotidien?

Trop sévères envers nous-mêmes

Chacun de nous est à la recherche du bonheur. Trop souvent cependant, nous avons tendance à penser, à tort, que le bonheur est de trouver un emploi plus payant, de posséder deux automobiles, un cellulaire, un téléavertisseur, une résidence grande et luxueuse, un nom reconnu dans sa communauté (et si possible dans le monde entier), un chalet, un chien et un bateau. Il n'y a rien de mal à accumuler de la richesse et à améliorer son confort. Toutefois, il faut être assez honnête pour reconnaître que toute cette ambition a un prix.

L'autre côté de la médaille veut souvent dire plus de soixante heures de travail par semaine, un stress énorme, peu de temps pour dialoguer avec son conjoint et ses enfants, une santé chancelante dans certains cas. En fait, sommes-nous toujours conscients que nous échangeons du temps et une certaine qualité de vie contre des biens matériels? Cela en vaut-il vraiment la peine? Peut-être que oui pour certains, mais pour d'autres, c'est un chemin assuré vers la dépression.

Mais peut-on toujours se surpasser et tout réussir? Au lieu de vivre à son propre rythme, nous nous sommes laissés imposer celui de l'image. Que nous soyons cols blancs, cols bleus, professionnels, cadres ou petits salariés, nous nous en demandons beaucoup trop.

*Actuellement, la société de consommation
dans laquelle nous vivons nous incite
à nous fixer des objectifs surtout économiques,
souvent au détriment de valeurs plus humaines.*

Nous existons pour aller à l'école, pour choisir un métier ou une profession qui nous rapportera de l'argent et nous permettra d'acquérir une maison et un certain confort, pour prendre du galon, pour gonfler un fonds de pension qui nous assurera une retraite dorée. Puis, nous mourons sans apporter quoi que ce soit avec nous. Beau programme!

À travers ce long cheminement, il y aura heureusement de vrais moments de bonheur. Ceux auxquels nous penserons sur notre lit de mort. Une belle rencontre, la naissance d'un enfant ou une grande émotion resteront gravées dans notre mémoire comme des instants heureux, bien plus que la couleur du bateau que nous aurons eu à l'âge de quarante ans.

Nos sociétés ont beaucoup changé au cours des dernières décennies et les sources de problèmes ont également beaucoup augmenté. Dans la première moitié du xxe siècle, la principale obligation (et préoccupation) des gens était de se loger et de se nourrir. Toutes les énergies d'une journée passaient par le besoin de survivre. Avec les années, les gouvernements et les groupes communautaires ont créé des programmes sociaux ayant pour but d'aider les plus démunis, de leur assurer un toit, ne serait-ce que temporaire. Il faut bien avouer que le niveau de vie en Occident est très supérieur à ce qu'il était. Même s'il reste beaucoup à faire pour combler les manques de chacun, dormir et manger ne représentent pas des problèmes quotidiens pour la majorité des citoyens.

Le problème de la survie résolu en grande partie, nous avons réussi à le remplacer par plusieurs autres. La violence, l'alcoolisme, la toxicomanie, le décrochage scolaire, les innombrables maladies mentales, le stress, le désir de consommer sont autant de nouveaux problèmes de société auxquels nous devons maintenant faire face.

La solitude et l'isolement constituent aussi des situations nouvelles qui affectent nos sociétés depuis quelques décennies. Dans un article récemment paru dans le journal montréalais *La Presse*, Céline Poissant fait part d'une étude menée en 1999 et portant sur les familles canadiennes à l'approche de l'an 2000. On peut y lire, notamment, qu'entre 1971 et 1991, la proportion de femmes de 25 à 29 ans vivant seules est passée de 10 % à 18 %, alors que chez les hommes du même âge, le taux est passé de 16 % à 27 %. Dans le groupe d'âge des 30 à 34 ans, les taux ont doublé pendant cette période allant jusqu'à 20 % chez les hommes.

«La propension à vivre seul s'est surtout développée par l'enrichissement de la société et l'augmentation des ressources personnelles qui ont davantage servi à rendre les femmes plus autonomes. Elles sont de plus en plus nombreuses à être autosuffisantes et à choisir ce mode de vie», précise un spécialiste en démographie.

Cela veut dire que la croissance des revenus personnels et les progrès techniques incitent plutôt les gens à s'isoler. Habiter seul, explique madame Poissant, est une option séduisante de nos jours parce que les logements adaptés aux célibataires sont devenus plus accessibles. Les femmes ont déposé leur tablier, trouvé des emplois et acquis une grande indépendance financière. Les jeunes adultes et les personnes âgées ont maintenant davantage les moyens de payer les coûts reliés au logement et les autres dépenses de la vie courante. Elle dit aussi que, sur le plan psychologique, la valorisation de l'autonomie individuelle et la recherche de l'intimité ont certes joué un rôle dans ces nouveaux choix de vie. Bref, la solitude gagne du terrain, selon les statistiques. Ce que ne disent pas les chiffres cependant, ce sont les conséquences de cette vie solitaire.

La fatigue

Que les choses se mettent soudainement à mal aller dans notre vie relève de plusieurs facteurs. Comme on vient de le voir, le rythme effréné du quotidien n'est rien pour nous aider. Cela entraîne une grande fatigue, qui se manifeste différemment selon les individus. Certains sont maussades ou susceptibles; ils ne sont plus disposés à accepter une remarque, même constructive. D'autres ressentent un effet d'écrasement. Ils traînent leur corps lourd toute la journée, ils manquent de concentration, ils n'ont pas la force d'entreprendre quoi que ce soit et n'ont surtout pas le goût d'avoir des projets.

D'autres encore se sentent particulièrement vulnérables, remettant ainsi en question leur perception d'eux-mêmes.

Un récent sondage réalisé en France révèle que plusieurs personnes affirment être davantage fatiguées les lundis et les vendredis. En effet, près de 18 % des Français se disent plus fatigués le lundi, et cela se manifeste par une humeur ronchonne ou une baisse de motivation, tandis que 30 % des répondants indiquent plutôt sentir cette fatigue le vendredi. Elle se manifeste par des courbatures, une baisse de concentration et de mémoire. Très peu de gens ont répondu les mardi, mercredi ou jeudi, comme s'ils avaient alors pris le rythme de la semaine sans se soucier vraiment de ce qu'ils ressentaient. Quand y faut, y faut!

> *Quand tout se met à mal aller,*
> *c'est qu'il y a un déséquilibre dans notre vie,*
> *qu'il soit affectif ou physique.*

Tous ces effets combinés de la fatigue jouent évidemment un rôle sur l'estime de soi.

L'estime de soi est influencée par plusieurs choses, notamment par ce que les autres pensent de nous et nous manifestent (sympathie, admiration, amitié ou amour), et par nos réussites personnelles. À certaines périodes de nos vies, un déséquilibre peut se créer, entraînant une remise en question de l'une ou l'autre de ces composantes.

Il est très difficile de vraiment cerner sa propre image, mais elle se résume à l'amour. Est-ce que je m'aime comme je suis actuellement et est-ce que les autres m'aiment? Quand nous pouvons répondre affirmativement à ces deux questions, les problèmes de la vie quotidienne sont habituellement moins importants. Cependant, si la réponse est non à l'une de ces deux questions, il est normal qu'un vide se crée, un vide que nous devrons combler tôt ou tard et qui entraînera des choix qui, malheureusement, ne tourneront pas toujours à notre avantage. La preuve, c'est que lorsque nous traversons une période où les choses ne vont pas à notre goût, il arrive fréquemment que nous prenions une mauvaise décision qui, à son tour, amène une situation pire. De là, l'impression de nous enfoncer de plus en plus à mesure que les jours passent.

Une société de performance

La société de performance dans laquelle nous vivons nous impose des pressions constantes, quel que soit notre travail. Vous le savez, nous avons maintenant l'obligation de tout réussir. Pour bien paraître, il est important d'avoir réussi (et pas nécessairement dans cet ordre) son mariage, sa carrière, l'éducation de ses enfants, sa vie sexuelle et même ses vacances. En effet, il vous est peut-être arrivé de vous en vouloir parce que vous aviez raté vos vacances. Une seule petite semaine à planifier puis, tout à coup, le mauvais temps s'en mêle; un endroit qui devait être un paradis s'avère un désastre, un enfant tombe malade, un imprévu survient, puis on revient au travail dans un état dépressif. Le pire, c'est qu'il faudra raconter sa semaine manquée à tous les collègues! Constat d'échec et diminution de l'estime de soi. Un psychologue affirmait récemment avec justesse «que nous faisons fausse route quand nous misons sur ce que la société valorise pour trouver le bonheur».

Ces années-ci, plusieurs personnes ont la fâcheuse manie de se déprécier ou de se dénigrer. Combien de gens autour de vous ont de la difficulté à accepter un compliment aussi banal que de se faire dire qu'une nouvelle coiffure leur va bien? Aussitôt, ils répondent qu'il était bien temps de changer, que leurs cheveux étaient cassés, que la couleur n'est peut-être pas la bonne. Bref, on dirait qu'il est nécessaire de rejeter les fleurs reçues de peur que le pot n'arrive aussi vite.

Nous reviendrons plus en détail dans un prochain chapitre sur l'estime de soi et sur les moyens pour parvenir à l'augmenter; l'important, à cette étape, c'est de comprendre tous les efforts que nous devons faire juste pour suivre la parade. Et lorsque nous manquons un pas, nous ressentons un stress supplémentaire.

Mais il y a le bon et le mauvais stress. De façon générale, le stress est une réaction violente exercée sur l'organisme qui doit être assez fort pour retrouver son équilibre dans un laps de temps raisonnable. Par contre, si le stress est mal géré ou trop élevé, il devient nuisible et peut avoir des conséquences importantes sur notre physique ou notre état mental. «Se sentir stressé», «être tendu», «avoir l'impression d'être pris au piège» sont quelques expressions utilisées pour expliquer l'état dans lequel nous nous trouvons quand tout va mal. Il s'agit d'une émotion vive qu'il est important de verbaliser. Le stress peut se manifester de diverses façons, entre autres par du découragement, de la colère, de la déception, de la frustration ou de l'inquiétude. Pour pouvoir reprendre le dessus sur cette émotion désagréable, il faut d'abord être capable de la reconnaître.

Un pourcentage très élevé de personnes consultent des psychologues en raison d'un problème d'estime de soi. La société exige un tel rendement qu'il est souvent difficile de nous contenter de nos propres capacités et lorsque nous ne pouvons répondre à la demande, notre premier réflexe est de nous protéger. Notre première réaction consiste souvent à nous déprécier. Il est important de prendre conscience que personne – y compris nous-mêmes – ne peut exceller dans tous les domaines. Reconnaître ses faiblesses est une bonne chose, pas d'en être obsédé. Se fixer des défis et des objectifs est excellent en soi, mais encore faut-il qu'ils soient réalistes.

Cette tendance à l'autodépréciation peut d'ailleurs avoir des effets concrets sur nos gestes quotidiens. La peur de l'échec ou de la critique peut nous amener à refuser des projets ou des promotions. On peut ainsi passer à côté de l'amour de peur de souffrir. Ces choix que nous faisons en accord avec notre faible estime de soi nous rendent malheureux, d'où notre impression soudaine que tout va mal.

Outre la fatigue, l'estime de soi et le stress, une foule de sentiments et d'émotions peuvent aussi intervenir dans notre perception des choses et nous faire sentir nuls. Le fait de nous comparer constamment aux autres sur le plan des qualités, des aptitudes ou des capacités fausse la perception de soi et nous empêche de nous évaluer tels que nous sommes, avec nos forces et nos faiblesses. Il y a aussi des moments où l'écœurement nous pousse à envisager des solutions draconiennes. Le fait d'être constamment rabaissés au travail peut entraîner un sentiment d'écœurement pouvant provoquer notre démission. Le chômage qui perdure peut aussi nous inciter à faire des gestes irréfléchis.

L'écœurement est un sentiment de trop-plein et de manque en même temps. C'est comme si tout était instable. C'est de la colère contre la situation vécue, mais aussi une profonde tristesse de constater qu'elle semble sans issue.

Dans la plupart des cas, l'écœurement surgit après une longue période de tolérance et de refoulement. C'est comme si, soudainement, on se disait qu'on ne peut plus en prendre davantage.

Les spécialistes affirment que l'écœurement arrive après qu'on a investi beaucoup d'énergie dans le but d'atteindre un objectif, mais que tout s'effondre subitement. Sentiment d'échec de ne pas avoir réussi, mais aussi colère parce que quelqu'un ou quelque chose nous a constamment mis les bâtons dans les roues. Finalement, l'impuissance face à cette situation provoque, à son tour, une foule d'autres émotions avec, comme toile de fond, une impression profonde que tout va mal.

Nous avons tous des réserves en nous. Des réserves d'énergie comme des réserves de patience. Quand elles sont épuisées, l'écœurement surgit. Devant cette forte émotion, les réactions peuvent être nombreuses et variées. Certains feront un geste précipité avec fracas pour tenter de changer les choses, peu importent les conséquences à venir; que ce soit une démission, une séparation, un divorce ou un acte de violence, tout doit se faire rapidement. D'autres, par contre, vont être davantage portés à se renfrogner, à critiquer, à parler contre les autres, à dire des méchancetés, à se venger, à être constamment en colère. Enfin, quelques-uns, peut-être aussi très nombreux, seront portés à s'isoler complètement. Nous verrons comment cette attitude peut conduire à la dépression.

Mais quelle que soit notre façon de réagir, il s'agit d'un mécanisme de défense qui nous pousse à vouloir nous sortir de cette mauvaise période. Quand tout va mal, nous souffrons et nous tentons par tous les moyens, malheureusement pas toujours les meilleurs, de changer les choses.

Il est très important, dans tout processus, de vouloir mieux se connaître. L'envie de tout chambarder parce que tout va mal peut cacher bien des choses. S'agit-il d'un besoin de changement superficiel ou en profondeur? Le moi peut avoir envie de changer d'apparence, de maison ou de travail, mais il existe une partie profonde en nous qui peut aussi appeler à un changement intérieur. Quand tout va mal, il faut également se demander quelles sont les véritables motivations derrière les changements souhaités.

D'ailleurs, plusieurs personnes se présentent chez un psychologue avec l'intention de changer de vie. Depuis quelques mois, elles ont l'impression que les tuiles leur tombent dessus les unes après les autres et que les problèmes s'accumulent. Si elles avaient à résumer la situation, elles diraient tout simplement qu'elles ne contrôlent plus leur vie. Tout semble aller trop rapidement sans qu'elles aient à décider quoi que ce soit. Elles subissent leurs journées plutôt que d'en orienter la direction.

Avant de procéder à des changements importants dans nos vies, nous devons déterminer d'abord les types de changements dont nous avons besoin. Combien d'entre nous ont souhaité, un jour ou l'autre, partir vivre à l'étranger et recommencer leur vie à zéro! Certains ont tenté l'expérience avec plus ou moins de succès. Après un laps de temps, ils se sont rendu compte que cela ne changeait rien au fond d'eux-mêmes. Quand tout va mal dans notre vie, nous devons d'abord être honnêtes envers nous-mêmes et réellement tenter de trouver l'essence du conflit qui réside à l'intérieur de nous.

Nous et les autres

Certaines personnes tiennent des propos très méchants à l'égard des autres. Elles n'hésitent jamais à relever un défaut, une faiblesse, une faille et le font remarquer avec un plaisir évident. En disant ces bêtises, elles font semblant de ne pas s'apercevoir que leurs paroles vont blesser. Elles tentent de se convaincre que la personne qui les reçoit n'a qu'à savoir prendre la critique. De toutes façons, si jamais elles se faisaient reprendre sur la sévérité de leurs paroles, elles pourraient toujours dire qu'elles ne croyaient pas faire mal et que la dernière chose souhaitée était évidemment de blesser. Foutaise!

Certaines personnes aiment blesser et le font délibérément. C'est presque un trait de caractère chez elles. Sans qu'on s'en attende vraiment, souvent en public, elles décochent un direct qui atteint la cible à tout coup, car elles savent reconnaître les points faibles de chacun. Habituellement, elles s'en prennent à ce qu'il y a de plus évident, comme l'apparence physique. Tel un caricaturiste, elles sauront accentuer pour tous un long nez, un fort tour de taille, une calvitie précoce, une cellulite apparente, un âge qu'on tente d'oublier, une petite taille chez un homme ou une absence de seins chez une femme.

À première vue, de telles remarques peuvent sembler anodines, mais elles provoquent souvent un malaise. Nous ne sommes pas naturellement protégés contre les insultes et nous devons en subir les conséquences immédiates, tel un boxeur qui reçoit un coup vif et sec au menton. Lorsque vous en serez victime la prochaine fois, tentez d'oublier la blessure brûlante que cela provoque en vous et regardez froidement la personne dans les yeux en vous disant à quel point elle doit être malheureuse pour vouloir vous écraser autant. Cela ne vous enlèvera probablement pas l'envie de lui sauter au visage mais, au moins, vous pourrez comprendre jusqu'où on peut aller quand les choses ne tournent pas à notre goût. Une telle personne a habituellement une très faible estime de soi pour rabaisser autant les autres. Elle a aussi probablement besoin d'aide. Quand le malheur ou la peine veulent parler, il est difficile de les retenir.

Depuis les années soixante, la vie et la société occidentale nous ont appris à penser d'abord à nous-mêmes, tant du point de vue matériel que psychologique. Sur le plan matériel, malgré toutes les informations qui circulent sur la pauvreté d'ici et malgré les images qui nous parviennent chaque jour du reste de la planète, les choses ne changent pas. Peu d'entre nous seraient en effet prêts à donner une partie de leur salaire pour équilibrer la richesse mondiale. Nos besoins sont grands et ce que nous avons nous semble toujours insuffisant. Nous verrons bien au cours des prochaines décennies si les futures générations feront mieux.

Sur le plan psychologique, nous nous faisons répéter sans cesse de penser à nous d'abord en toutes circonstances. Il y a sûrement du bon dans cette formulation, compte tenu du genre de vie que nous menons. Nous subissons tellement de stress et d'épreuves que nous devons apprendre à prendre soin de nous-mêmes, sinon personne ne le fera. Il faut aussi se ménager à l'occasion pour pouvoir survivre. Nous verrons plus loin dans ce livre à quel point il est important de se faire plaisir pour atteindre un certain équilibre.

Cependant, il restera toujours la présence des autres autour de nous. L'humain doit vivre en société et s'adapter constamment à son environnement. Il faut donc apprendre à composer avec les problèmes de nos proches et leur venir en aide pour notre propre équilibre. Cette recherche de l'harmonie, faite de façon souvent inconsciente, est néanmoins très présente dans notre vie de tous les jours. Le point d'équilibre est extrêmement fragile entre bien s'occuper de soi et prendre soin des autres sans se perdre de vue et sans se faire exploiter. Lorsqu'il y a déséquilibre, tout se met à aller mal et cela peut mener très loin.

Les moments creux: rien de plus normal!

Revenons à cette vie exigeante qui compose notre quotidien. Nous faisons de notre mieux pour suivre le rythme mais, au moment où nous nous y attendons le moins, une tuile nous tombe sur la tête. Prenons le cas où tout semble aller relativement bien avec l'idée que le bonheur est de ne manquer de rien.

Le travail est un peu routinier mais, bon! la paye est déposée automatiquement dans le compte en banque toutes les deux semaines. Les dettes sont remboursées lentement, mais sûrement. L'hypothèque sera payée entièrement d'ici quinze ans, c'est-à-dire quand la maison aura besoin de rénovations mais, ça, c'est une autre histoire. Il y a déjà quelques mois que les enfants n'ont pas été malades et la vie de couple semble se dérouler sans embûche, puisque aucune crise ne survient de part et d'autre.

120087

Soudain, quand on s'y attend le moins, les choses se précipitent sans qu'on puisse y faire quoi que ce soit. Cela peut commencer de façon très banale. Un peu de fatigue accumulée à la suite de quelques heures supplémentaires. Suit une fin de semaine déplaisante où le temps est exécrable. Puis, on revient au travail, le lundi matin, complètement épuisé. Pendant toute la semaine, les bonnes nouvelles se font rares. Le patron est plus exigeant, les enfants aussi, le conjoint critique pour tout et pour rien, les factures s'empilent. Des dépenses imprévues surviennent, des nouvelles inattendues arrivent pour ajouter au désagrément ou, tout simplement, une vilaine grippe vient nous achever.

Et puis, à travers toutes ces petites épreuves, nous devons continuer à remplir nos obligations quotidiennes, à subir toutes nos préoccupations habituelles en plus des nouvelles. Inutile de dire que le temps de se faire plaisir se retrouve assez loin sur la liste des priorités.

Si cette période ne dure que quelques jours, on ne peut pas vraiment dire que ça va mal. Tout au plus, on racontera aux amis avoir eu une semaine difficile. Toutefois, pour certaines personnes, c'est le genre de scénarios qui se répète de semaine en semaine. Rien pour être hospitalisé, mais toujours ces petits désagréments qui surviennent de partout et de nulle part et qui nous gâchent une journée.

Il faut d'abord comprendre que cela est tout à fait normal de vivre des périodes plus difficiles que d'autres. Cette affirmation peut sembler très évidente, mais entre la comprendre et l'assimiler, il y a une marge que bien des gens n'arrivent pas à franchir. Certaines personnes, en effet, se déprécient et se découragent pour des raisons qui peuvent sembler banales.

Les résolutions

Prenons l'exemple des résolutions annuelles. Prendre de bonnes résolutions pour la nouvelle année ou à l'occasion de son anniversaire est très bien, mais on dit que 80 % d'entre elles ne sont jamais réalisées. Que ce soit arrêter de fumer, perdre du poids ou entreprendre un programme de conditionnement physique, il est toujours très difficile de s'astreindre à une discipline qui fera en sorte que les efforts du début deviendront une bonne habitude, voire un automatisme.

Lorsqu'on prend une bonne résolution, c'est pour changer des choses dans notre vie. Habituellement, ce sont des choses dont nous sommes plus ou moins satisfaits. Les premiers jours ou, dans le meilleur des cas, les premières semaines, tout va bien. Pour un nouveau programme d'exercices par exemple, l'horaire est respecté: trois séances par semaine. Le sentiment de fierté est présent et cela nous plaît autant de dire à quelqu'un que nous faisons de l'exercice que le bienfait que nous pouvons en retirer.

Puis, lorsque l'effet du début est passé, que les amis ne nous parlent plus de notre programme d'activité physique et qu'en fin de compte, nous n'obtenons pas plus de compliments qu'avant sur notre ligne, nous sommes portés, dans plusieurs cas, à espacer ces périodes d'exercices. Suffit qu'une légère blessure survienne, que le temps soit maussade, qu'on se remette d'une veille un peu trop arrosée ou que la fatigue causée par toutes nos obligations nous tenaille, et voilà: ce qui devait être un moment de plaisir devient une préoccupation, puis une obligation supplémentaire.

Les psychiatres affirment qu'une bonne résolution est souvent perçue comme une recette miracle imprécise. Les objectifs sont quelquefois trop larges et irréalistes. Dans l'exemple du programme d'exercices, certains se voient déjà avec un corps de dieu ou de déesse avant même d'avoir réalisé une première pompe.

Or, il faut d'abord se demander si le projet choisi est vraiment important pour nous et jusqu'à quel point nous sommes prêts à entreprendre un tel programme. Le but visé ne sera pas le même si nous le réalisons pour notre propre santé, sur les conseils d'un médecin, ou bien si nous faisons nos exercices pour améliorer notre apparence physique.

Il faut aussi établir des étapes et non pas viser la perfection dès le départ. Tout le monde sait bien que les choses ne se réalisent pas aussi vite que l'on voudrait mais, encore là, entre comprendre une telle affirmation et vraiment l'assimiler, il y a une marge difficile à franchir.

Ensuite, dans un projet simple comme une bonne résolution, il convient de réévaluer régulièrement ses efforts en fonction des résultats obtenus. Il faut que cela vaille la peine pour soi-même et non pour les autres. On doit aussi se récompenser pour les efforts fournis afin de s'encourager à continuer.

Vous voyez à quel point cela peut être compliqué de se satisfaire pleinement pour une simple et banale résolution lancée en l'air à l'occasion du printemps ou du Nouvel An? Il faut savoir aussi qu'une telle décision aura des conséquences, bonnes ou mauvaises, légères ou graves, momentanées ou plus profondes.

Renoncer à un projet en cours de route peut entraîner un sentiment d'échec. «Je n'ai pas de volonté» ou encore «je ne suis jamais capable de rendre un projet à terme» sont des phrases que l'on entendra souvent par la suite. Pourtant, le projet entrepris était peut-être tout simplement mal ciblé. Nous avons peut-être pris de trop grosses bouchées au début au lieu de fixer des étapes réalistes en tenant compte de toutes nos obligations quotidiennes.

Si se rendre dans un gymnase trois fois par semaine représente un moment de plaisir et de détente qui fait oublier le stress de la semaine, c'est très bien. Par contre, si ces trois rendez-vous hebdomadaires s'insèrent dans un horaire déjà ultra-chargé, cela peut devenir une véritable épine au pied. Il est inutile de trop se culpabiliser pour des petits échecs comme ceux-là. Il faut se parler, écouter son cœur et son corps, être indulgent envers soi-même, se ménager un peu.

Et cet épuisement qui n'en finit pas!

Il y a aussi des moments dans l'année où nous nous sentons toujours fatigués. Nous pouvons avoir l'impression que notre vie bascule, alors qu'il s'agit d'une période où nous sommes tout simplement plus vulnérables. C'est le cas pour plusieurs personnes souffrant de ce qu'on appelle les troubles affectifs saisonniers.

Les chiffres disponibles pour 1998 indiquent que près d'un million de Canadiens, soit une personne sur cinquante, souffre de dépression saisonnière lorsque les journées commencent à raccourcir. Les symptômes se manifestent entre octobre et mars et touchent l'humeur, le sommeil et l'appétit. Les personnes sensibles à cette déprime disent qu'elles dorment davantage, mais qu'elles sont aussi fatiguées qu'auparavant. Certaines affirment prendre du poids. Les femmes, et encore plus celles qui sont âgées entre trente et quarante-cinq ans, sont deux fois plus susceptibles de souffrir de cette dépression que les hommes.

Parmi les autres symptômes énumérés, notons la difficulté de concentration, le sentiment d'impuissance, la perte de la joie de vivre, une fatigue extrême, un désespoir et, dans certains cas, des pensées suicidaires.

Les témoignages de ceux et de celles qui souffrent de cette dépression se rejoignent souvent. La plupart ont de la difficulté à se concentrer au travail, tandis qu'elles se montrent plus irritables à la maison. La vie sociale en est aussi affectée puisque le désir de rencontrer des gens n'y est plus. Quand on dit qu'un malheur ne vient jamais seul, il faut ajouter à tous ces effets une perte de libido, un repli sur soi et une perte d'intérêt pour toutes sortes d'activités.

Ce que ces personnes ignorent peut-être, c'est que le rythme de notre corps est lié au cycle des saisons. Tout le monde connaît une baisse d'énergie durant la saison morte. Au printemps, comme la nature qui renaît, le corps renouvelle son énergie. Les spécialistes de la santé recommandent depuis toujours de suivre les saisons. Ainsi, l'hiver, nous devrions nous coucher plus tôt puisque les journées sont plus courtes, mais nous ne le faisons pas. Nous nous astreignons au même rythme effréné. Évidemment, nous avons moins d'énergie et nous en payons le prix dans notre quotidien.

Même les astrologues soutiennent que les différents signes du zodiaque vivent différemment cette période de l'année. Les Béliers, les Sagittaires et les Lions, des gens de type été, voient leur feu intérieur baisser dès le mois de novembre. Ils doivent travailler tellement fort pour garder leur rythme qu'ils arrivent en février ou en mars complètement épuisés.

Heureusement, il existe des traitements pour les personnes qui vivent très mal ces mois d'hiver, comme nous le verrons plus loin. En plus des suppléments alimentaires et vitaminiques, les traitements de luminothérapie peuvent redonner au corps la charge de lumière et d'énergie dont il a besoin pour fonctionner.

Il ne faut pas non plus conclure que, chaque fois que notre vie bascule entre les mois de novembre et de mars, cela est imputable automatiquement au *blues* de l'hiver. Cette baisse d'énergie est normale. Il existe d'ailleurs des moyens pour l'adoucir: une meilleure alimentation, un programme régulier d'exercices, une vie plus lente et plus saine, entre autres. Certaines personnes doivent toutefois consulter un médecin pour obtenir des soins plus adaptés à leur situation.

Outre les problèmes physiologiques, notre moral en prend aussi un coup de temps à autre. C'est souvent à partir de ce constat que nous avons la nette impression que tout va mal. Quand nous nous mettons à penser sans arrêt à nos préoccupations quotidiennes, tout devient mélangé et paraît sans issue. Les petits problèmes se présentent alors à notre conscient avec beaucoup de force et d'intensité, si bien que nous en venons à y penser à toute heure du jour ou de la nuit. Cela entraîne évidemment d'autres complications.

Malheureusement, à force d'éviter le pire, on finit aussi par se priver de ce qui aurait pu être bien. Toute action comporte des risques et cela fait peur. La peur nous fait faire des choses terribles contre notre gré. Elle déclenche souvent des comportements en chaîne qui provoquent des situations inconfortables. Et lorsque ces situations se répètent, nous avons l'impression que notre vie bascule et que tout va mal. Ce petit cercle vicieux part souvent de nous-mêmes et des émotions que nous avons à vivre.

Le monde des émotions

Le monde des émotions est très vaste et extrêmement complexe. Nous pouvons vivre une émotion avec beaucoup de plaisir, mais nous pouvons aussi la subir avec tout ce que cela entraîne sur le plan de nos réactions et de nos comportements.

Qui n'a pas eu une grande émotion en prenant un bébé naissant dans ses bras! L'émotion est presque indescriptible lorsqu'il s'agit de notre propre enfant. À l'inverse, plusieurs personnes se plaignent d'être devenues les esclaves de leurs émotions. Certains appellent cela de l'hypersensibilité, d'autres affirment ne pas avoir les moyens de contrôler une émotion de colère qui monte en eux.

En fait, les émotions sont présentes pour nous permettre de nous adapter aux situations de la vie. Le meilleur exemple est celui de la panique. Lorsque nous éprouvons une peur, les émotions liées à cette peur déclenchent une série de changements physiques en nous qui nous permettront éventuellement de surmonter les obstacles. Nos réflexes sont plus aiguisés et nous devenons moins sensibles à la douleur. C'est ce qui nous fera lutter contre le danger.

On peut aussi penser à toutes les émotions qui permettent à des gens de sauver des vies humaines dans des circonstances dramatiques. La personne qui se jette à l'eau pour secourir un enfant, l'autre qui brave le feu pour sortir un proche ou celle qui intervient avec sang-froid sur les lieux d'un accident sont aussi guidées par des émotions qui leur permettent de réagir efficacement.

Les émotions fournissent au corps les renseignements lui permettant de comprendre ce qui se passe dans son environnement. Normalement, nous devrions être en mesure de faire cette évaluation avec un certain recul mais, voilà, nous interprétons souvent faussement nos émotions. Par exemple, la colère qui monte en nous devrait nous faire comprendre qu'une situation nous déplaît. Idéalement, il suffirait de cerner précisément les raisons qui provoquent cette colère pour ensuite modifier cette situation. Pourquoi faire simple lorsqu'on peut faire compliqué?, dit la formule populaire. Au lieu d'agir calmement de cette façon, nous subissons la colère. Graduellement, notre corps réagit, le sang bouille dans nos veines et nos paroles dépassent notre pensée. Dans certains cas, il devient nécessaire d'extérioriser cette colère en frappant sur quelque chose, un coussin par exemple. Après cette crise de colère, plusieurs vont regretter et avouer qu'ils manquent de maîtrise. Ils vont rapidement tenter de se faire pardonner jusqu'à la prochaine fois, car ils ne règlent pas leur problème.

Pourtant au départ, le sentiment de colère s'est révélé pour nous faire savoir qu'il y avait dans notre environnement immédiat un obstacle sérieux. Ce qui devait être un signal d'alarme est rapidement devenu le pire des incendies. Nous sommes parfois tellement inconscients de nos propres émotions que nous critiquons les réactions trop émotives de ceux qui nous entourent sans penser un instant que demain, peut-être, nous réagirons trop fort pour un rien, nous aussi.

Chaque émotion est porteuse d'un message qui nous est destiné. Malheureusement, nous ne sommes pas toujours à l'écoute de tels messages. Les émotions dites «négatives» comme la colère surviennent souvent lorsque nous vivons une période de déséquilibre. Quand nous avons l'impression que tout va mal dans notre vie, c'est que nous sommes en période de déséquilibre. Les émotions et les sentiments éprouvés surgissent de toutes parts et vont de la colère au découragement, en passant par la tristesse et la révolte. Fuir ces sentiments ou les subir ne fait qu'aggraver la situation tout en créant d'autres émotions tout aussi fortes. C'est un peu comme si nous avions refusé un premier message et que la vie, Dieu, l'esprit, le cerveau ou quoi encore, nous envoyait une foule d'autres messages pour nous forcer à comprendre que quelque chose ne va pas. Comme nous le verrons dans le prochain chapitre, les conséquences de ne pas écouter ses propres émotions peuvent être très graves pour un individu. Tout commence par un détail, puis les événements se précipitent et tout vacille.

En plus de vivre dans un siècle de vitesse et de performance et d'avoir à affronter un climat qui nuit à son moral, l'homme occidental doit aussi suivre un certain modèle de vie imposé par les générations passées.

Les étapes normales de la vie

Un ami plus âgé que moi d'une quinzaine d'années se plaît à dire que nous passons tous par les mêmes étapes dans la vie. Aujourd'hui dans la soixantaine, il regarde le monde, les jeunes en particulier, avec une certaine sagesse. Il ne s'étonne pas de voir les adolescents manifester des comportements surprenants ni de voir les jeunes pères et mères de famille débordés.

Sans être convaincu que sa théorie est tout à fait exacte, il faut bien avouer que la façon d'agir des gens change peu avec les générations. Le couple dans la vingtaine qui vivait dans les années cinquante avait les mêmes aspirations que le couple du même âge en l'an 2002, avec les variantes liées à la décennie. Dans les années cinquante, il convenait de se trouver rapidement un bon emploi pour fonder un foyer; aujourd'hui, les jeunes couples souhaitent terminer leurs études, vivre ensemble et voler de leurs propres ailes avec autonomie et liberté. Après quelques années de vie commune ou de mariage, les individus commencent à penser à avoir des enfants. Pour ce faire, chacun évaluera sa situation financière et les moyens de s'organiser pour faire vivre une famille. Tous ceux et celles qui, à cet âge, décident de ne pas avoir d'enfant ni de fonder une famille ont d'autres préoccupations. En fait, les mêmes que les personnes qui avaient fait les mêmes choix dans les années cinquante.

Les objectifs sont axés sur la carrière, la réussite sociale, la liberté de voyager, l'amitié solide. Dans la vingtaine, nous nous retrouvons soudainement devant plusieurs chemins. Quel que soit celui que nous suivons, il y a toujours quelqu'un qui y est passé avant nous.

Puis, dans la trentaine, les choix se précisent dans plusieurs cas. Pour une jeune famille, les assises se font plus solides. L'amour, la situation financière nous feront peut-être décidé d'avoir d'autres enfants. Certains choisiront aussi d'en avoir un premier, alors que dans la vingtaine, cette option leur semblait exclue. D'autres poursuivront la route qu'ils ont choisie au cours des années précédentes, en accordant encore plus de temps et d'énergie à leur carrière ou à leur passion.

Dans la quarantaine survient la remise en question, que chacun traverse avec une intensité différente. Les priorités changent et ce qui semblait si important dix ans plus tôt, le paraît un peu moins maintenant. Pour certains, il devient aussi beaucoup moins important de prouver qu'ils sont les meilleurs dans tout. La quarantaine permet également de mieux se connaître, à la condition de s'écouter davantage.

C'est dans la quarantaine et au début de la cinquantaine qu'on commencera à penser à la retraite. Jamais auparavant, ou presque, on était sensible aux messages publicitaires offrant des services de planificateurs financiers. Maintenant, on y prête une oreille attentive. Les enfants ont vieilli, les couples se retrouvent. La santé devient plus fragile et combien importante. Dans la cinquantaine avancée, ce sera la sécurité financière qui deviendra une source d'inquiétude pour plusieurs.

Ce n'est pas tout le monde qui fera un voyage en Europe dans la trentaine et ce n'est pas tout le monde qui réussira à avoir une maison dans la vingtaine. Cependant, sur le plan moral, le cheminement de plusieurs se ressemble, quels que soient l'époque et l'âge.

Tout comme pour la dépression saisonnière,
il est important d'avoir en tête que certaines situations
difficiles sont tout à fait normales et passagères.

Il est tout à fait normal, par exemple, de se faire du souci pour ses enfants. Quand ils sont bébés, nous craignons pour leur santé et leur développement. Quand ils entrent à l'école, nous craignons pour leur intégration sociale. Quand ils sont adolescents, nous craignons pour les mauvaises influences dont ils pourraient être victimes. Quand ils sont de jeunes adultes, nous craignons qu'ils ne se trouvent pas d'emploi. Quand ils sont devenus adultes enfin, nous craignons pour leur bonheur.

Toutes ces phases sont accompagnées d'obligations et de préoccupations pour les parents. À certains moments, les choses vont bien, tandis qu'à d'autres, tout va mal. Certains doivent faire face à de gros problèmes, tandis que d'autres, plus chanceux, passent les étapes dans une certaine harmonie. En toutes circonstances, il ne faut pas oublier qu'il s'agit d'un cheminement normal. Les conseils de parents plus âgés qui ont affronté des situations semblables peuvent certainement nous aider. Demander conseil ne coûte rien (en général!), surtout que l'on n'est pas obligé de suivre ces recommandations. Cependant, toujours selon mon vieil ami, les choses évoluent naturellement et les épreuves doivent être jugées au mérite.

S'il existe des phases et des étapes normales dans la vie du point de vue moral et psychologique, il en existe aussi du point de vue physique. Être très malade est, bien entendu, très dur sur le moral. Cependant, la vilaine grippe, la fracture du poignet gauche ou l'ulcère à l'estomac ne devraient pas nous affecter au point de chambarder toute notre vie.

Encore une fois, les étapes de la vie y sont pour quelque chose. Il ne faut surtout pas s'étonner d'être courbaturé le lendemain d'une activité physique intense quand on a cinquante ans. La récupération sera beaucoup plus lente qu'à vingt-cinq ans. Il est aussi normal d'avoir des problèmes de digestion après un abus lorsqu'on est plus âgé. Ce n'est pas là une raison de dénoncer la grande injustice de la vie.

La ménopause

Cette période de la vie est souvent attendue avec crainte car elle provoque des bouleversements hormonaux ainsi que des changements sur le plan du caractère. La ménopause cause aussi des troubles de mémoire plus ou moins importants selon les femmes; dans certains cas, on note un manque de concentration et une baisse de vigilance.

De façon cyclique, les femmes peuvent également être plus nerveuses, plus émotives. Elles peuvent avoir des troubles de sommeil et un moral à la baisse. Pas étonnant que cette période soit difficile à vivre et qu'elle provoque des étincelles dans le quotidien! Pas étonnant non plus qu'on ait l'impression que tout va mal lorsqu'on subit de tels effets! Il se peut bien que les prises de décisions soient un peu plus difficiles et que les réactions au comportement des autres soient parfois plus explosives. Si les conjoints doivent apprendre ce qu'est la ménopause pour mieux comprendre les bouleversements, les femmes doivent aussi écouter leur corps.

Qu'une femme qui éprouve ces symptômes puisse continuer à suivre le rythme demandé par son employeur, sa famille, son conjoint, relève de l'exploit. Si, en plus, elle se culpabilise d'avoir des réactions dont elle n'est pas responsable, on peut facilement s'imaginer à quel point son quotidien devient pénible. Surtout que ces effets psychologiques sont accompagnés de transformations physiques. De fait, la ménopause peut entraîner une prise de poids de quelques kilos. Les spécialistes ne sont toutefois pas convaincus que cette prise de poids soit attribuable aux changements hormonaux. Les causes seraient multiples, mais les bouleversements de tous ordres entraîneraient peut-être, selon eux, des modifications du comportement alimentaire. Pour compenser, certaines mangent davantage.

La prise de poids, qui se fait autour des hanches et de la taille, vient évidemment «grossir» le problème. L'apparence physique, tant chez la femme que chez l'homme, est très importante dans l'évaluation que l'on a de soi-même. Il est de plus en plus fréquent, au début de la quarantaine, de voir à quel point les hommes craignent, par exemple, de voir leurs pectoraux se changer en petits seins flasques. De plus en plus d'hommes (pas nécessairement homosexuels) parlent entre eux de greffe de cheveux, de blanchiment des dents, d'opération aux yeux par laser ou d'enlèvement de taches causées par l'âge, et ce, tout simplement par coquetterie. Quand tout va mal, on se sent généralement moins désirable. Les problèmes ont souvent des répercussions sur notre allure physique, d'où l'importance de prendre soin de nous-mêmes.

Dans le cas d'une femme en pleine ménopause, la peau devient plus sèche et sensible au soleil, les cheveux peuvent devenir cassants de même que les ongles. Il ne faut pas oublier que la pousse des poils et l'éclat de la peau relèvent du système hormonal; comme il est touché par la ménopause, les effets se font sentir du même coup.

Dans une période où tout va mal, il sera donc très important de porter une attention particulière à son alimentation et aux soins à apporter à son corps. Accepter le fait de subir la ménopause ne veut pas dire déprimer et se laisser aller. Cela veut dire, au contraire, s'occuper de soi et tenter d'en minimiser les effets pour se sentir mieux dans sa peau afin de traverser cette période le plus facilement possible. Pourtant, bien des femmes dans la cinquantaine tombent dans le piège de laisser aller l'ensemble de leur vie. Elles auraient intérêt à lire les nombreux livres portant sur le sujet.

L'anxiété

L'anxiété est un peu le niveau 2 de notre système d'alarme, le niveau 1 étant l'émotion qui nous indique que quelque chose ne fonctionne pas à notre goût dans notre environnement immédiat. Si nous n'écoutons pas cette émotion première, elle se transforme en anxiété pour nous dire que quelque chose nous tracasse vraiment. Si je m'entête à repousser encore mon problème, mon système d'alarme intérieur actionnera le niveau supérieur: l'anxiété.

Voici un exemple. Une pensée m'effleure de temps à autre: je me demande si j'aime encore mon conjoint. Pendant la journée, je me surprends à regarder plus attentivement les autres femmes ou les autres hommes, selon le cas. Je pense aussi à quel point ce serait agréable, juste pour le plaisir, de me retrouver libre comme l'air sans obligations familiales et professionnelles. Pourtant, j'aime mon conjoint. C'est certain... il y a tellement longtemps que nous sommes ensemble!

Mais cette petite pensée me trouble. Chaque fois qu'elle survient, je la rejette et je tente de ne pas y porter attention. Sauf que j'observe le comportement de mon conjoint et je me rends compte que certaines manies m'agacent davantage qu'auparavant. La pensée de le laisser revient, mais cette fois, je la repousse violemment en pensant à tous les problèmes qu'occasionnerait une séparation ou un divorce. Je me dis que ça n'a aucun bon sens de faire vivre une telle situation aux enfants. J'écarte donc l'idée noire en étant certain qu'elle est partie pour de bon.

Les jours passent, les semaines peut-être. Puis, cette pensée refait surface alors que je m'y attendais le moins, après avoir fait l'amour, par exemple. Il me semble que ce n'est plus comme avant. Ce n'est pas lui ou elle... c'est moi.

Ce qui n'était qu'une toute petite pensée il y a quelques semaines encore est devenue une préoccupation. Elle occupera donc la place que je lui ferai dans mon quotidien. Elle se positionnera tout juste en bas de mes obligations. Comme le sujet est important et délicat, elle occupera le premier rang de mes préoccupations.

À force de lutter contre cette idée, elle deviendra ensuite la cause d'une certaine anxiété. Mon système d'alarme intérieur me dit de m'occuper de ce problème, mais j'ai peur. L'idée devient alors source d'angoisse.

Dans tout ce processus, j'ai eu le choix à maintes reprises de pouvoir aborder mon problème, mais j'ai opté pour la fuite. Je devrai alors vivre avec les conséquences. Rien n'est cependant perdu et il sera toujours possible de me rattraper. Mais, pour l'instant, je descends rapidement et ma vie est chambardée.

Cette remise en question de notre amour pour un conjoint peut sembler inoffensive à ceux qui ne se sentent pas concernés. C'est comme quand nous entendons le récit du problème principal de quelqu'un: nous sommes convaincus que nous pourrions le régler dans le temps de le dire et que nos problèmes à nous sont autrement plus compliqués.

Il y a une foule de gens qui vivent des situations de couples très complexes, qui prennent une grande importance chez eux. Ce n'est pas pour rien qu'il existe autant de spécialistes, de médiateurs, de conseillers pour aider les couples à se démêler.

Quel que soit le problème auquel nous nous heurtons, ce processus de l'émotion, de l'anxiété et de l'angoisse s'établit de lui-même si rien n'est fait pour résoudre la difficulté ou l'obstacle aussitôt qu'il se présente. Pour certains, ce sera un problème d'argent qui deviendra énorme; pour d'autres, un problème de santé qu'on a préféré ne pas voir; pour d'autres encore, ce sera des situations de crise qui resurgiront à cause d'une enfance douloureuse, d'un abandon émotif, d'une sur-protection de la part des parents ou d'une absence d'amour et de compréhension. Un de mes oncles disait qu'un problème ne se réglait jamais seul et il avait bien raison. Tôt ou tard, toute situation nébuleuse nous rattrape. Cela peut prendre des années, mais nous finissons toujours par en payer le prix et cela peut être extrêmement coûteux.

La descente

Repousser un sentiment est, dit-on, la première marche vers l'enfer. C'est de là que partent la plupart des périodes difficiles que nous traversons. C'est le début des complications! Quand nous sommes soudainement envahis par un sentiment quelconque, c'est souvent le signal que notre équilibre est remis en cause. S'opposer à un tel sentiment ou à une telle émotion suscitera une frustration.

Je peux, par exemple, devenir plus irritable et moins patient avec mon entourage. Mon attitude m'amènera donc des ennuis supplémentaires avec mon conjoint, mon patron ou mes amis. De plus, toutes les autres facettes de ma vie seront soudainement touchées, même les plus anodines. Si je joue mal à ma partie de tennis hebdomadaire, ce sera, là aussi, une source de frustration supplémentaire. «Je ne suis même plus capable de jouer, je suis pourri!» penserai-je.

Dans ce dernier cas, il s'agit évidemment d'une réaction beaucoup trop forte à ce que l'on vit. Nous avons simplement connu une mauvaise soirée parce que nous étions trop préoccupés ou angoissés par un autre problème. Nous aurions peut-être mieux fait de sauter une semaine d'activités mais, lentement, nous devenons comme un véritable bâton de dynamite prêt à sauter.

Idéalement, avec un peu de courage, nous pourrions toujours écouter nos émotions à ce stade-ci et faire face au problème, mais, plus souvent qu'autrement, nous préférons encore étouffer ce sentiment. En réalité, nous souhaiterions qu'il disparaisse de lui-même.

Dans l'exemple précédent – notre interrogation sur la solidité de notre amour face à notre conjoint –, il est probable que la situation se soit détériorée réellement avec le temps. Au lieu des explications franches, on se replie sur les scènes de ménage en fin de soirée. Il nous semble inutile de discuter puisque nous sommes persuadés que le problème ne se résoudra jamais. Comme nous ne voulons pas de querelles devant les enfants, nous nous taisons, nous sortons avec des copains ou, pire, nous buvons pour oublier. Le repli sur soi représente une autre marche vers l'enfer.

Il existe bien sûr des épreuves terribles dans la vie. Des épreuves que nous ne choisissons pas. La perte d'un être cher, l'annonce d'un cancer ou un grave accident méritent un traitement particulier, beaucoup d'amour autour de soi et du soutien. Personne ne mettra en doute la parole de quelqu'un qui affirme que ça va mal s'il est aux prises avec ce genre d'épreuves. Surmonter de telles périodes dans la vie demande énormément de courage et parfois l'expertise de médecins spécialistes. Cependant, pour certaines personnes, le quotidien est aussi très difficile à vivre en raison d'événements inattendus. C'est sur ce quotidien qu'il faut travailler pour vivre mieux.

Les nœuds dans l'estomac

Par exemple, perdre un emploi ou se voir rétrogradé bouscule la vie. Une personne dévouée à l'entreprise, qui se sentait pourtant appréciée et qui se voit soudainement obligée de choisir entre une diminution de salaire importante ou une mutation dans une autre ville passe par toute une gamme d'émotions. La plupart du temps, ce travailleur a l'impression d'avoir été trompé. Depuis des mois, il avait donné sans compter. Il avait même quelquefois sacrifié une partie de sa santé et de ses loisirs au profit de l'entreprise. Il s'agit d'un coup dur à n'en pas douter! Les spécialistes considèrent d'ailleurs que la perte d'un emploi équivaut, dans bien des cas, à toutes les émotions qu'on peut ressentir lorsqu'on vit un deuil.

D'abord, la personne licenciée n'arrive pas à croire à ce qui lui arrive. Puis, elle passera l'étape de la révolte contre le patron qui l'a congédiée. Elle en voudra aussi probablement aux collègues de travail qui ont conservé leur emploi et même à des amis qui sont toujours sur le marché du travail. Tristesse, sentiment d'échec et dévalorisation de soi sont autant de sentiments se succédant au cours d'une même journée.

Après l'acceptation, le chômeur tentera de se relever les manches et de trouver un autre emploi, mais cette quête se heurte à de nombreuses difficultés psychologiques. Les refus se multiplient, les portes se ferment les unes après les autres. Chaque fois, c'est le processus de deuil qui refait surface.

La préoccupation se transforme alors en anxiété, puis en angoisse. Celle-ci est accompagnée de serrements au thorax, de difficulté à respirer ou de nœuds à l'estomac. Les livres de médecine nous apprennent qu'il s'agit là d'une réaction physique tout à fait normale. C'est que les glandes surrénales sont placées exactement dans la région du plexus solaire. Or, dans les forts moments d'angoisse, elles sécrètent une quantité supplémentaire de cortisol et de catécholamine. Cela nous donne une impression de malaise dans l'estomac, un peu comme quand nous éprouvons une peur soudaine.

Le cortisol est fondamental dans le fonctionnement du corps humain. Il libère des réserves d'énergie au moment jugé opportun en augmentant l'apport de sucre dans le sang. Il fait battre le cœur plus vite et propulse le sang dans toutes les parties importantes du corps. Le cortisol a, bien sûr, de grandes qualités. Il aide à lutter contre les allergies, la fièvre ou différentes formes d'infection. Si le corps manque de cortisol, on pourra perdre ses cheveux par plaques, avoir un visage amaigri, des palpitations, une inflammation des articulations, une perte d'appétit, etc.

De son côté, la catécholamine est une substance fabriquée par les cellules nerveuses qui permet le passage de l'influx nerveux entre les neurones et les autres cellules. Il y a trois formes de catécholamines: l'adrénaline stimule tout l'appareil cardiovasculaire; la dopamine, elle, joue un rôle sur le contrôle des mouvements dans le cerveau, tandis que la noradrénaline aide le système sympathique à se mettre en état d'alerte. Toutes ces bonnes hormones se mettent souvent à fonctionner contre notre gré, et pour notre plus grand malheur, lorsqu'elles sont déclenchées par l'angoisse.

L'idée ici n'est pas de donner un cours de médecine, mais de mentionner que l'anxiété et l'angoisse déclenchent des réactions chimiques dans notre corps et que nous en souffrons.

Autres symptômes de l'angoisse: une faiblesse générale, une vision trouble, une ouïe perturbée ou une sudation excessive. Bref, un moment très désagréable à passer pour quiconque en a déjà vécu un. Combien de fois avez-vous pensé qu'un des symptômes énumérés ci-dessus était le mal principal qui vous accablait? Avez-vous déjà envisagé qu'un mal d'estomac peut cacher autre chose?

Si nous ne nous occupons pas immédiatement
de nos petits malaises quand ça va mal,
les choses peuvent empirer.

À partir de ce moment-là, la dépression nous guette.

La dépression

La dépression n'est pas un simple coup de cafard ni une maladie imaginaire. Les premiers symptômes sont: la perte d'appétit, le sentiment d'inutilité, la déception constante dans ses rapports avec les autres, le sommeil perturbé, notamment.

Naturellement, ne pas avoir faim de temps à autre ne veut pas dire que l'on est en train de faire une dépression, mais ne plus se nourrir volontairement ou inconsciemment signifie que l'on cherche à se faire mal. Même chose si l'on se sent totalement inutile: on dirait que tout pourrait se passer même si on n'y était pas. Cela se reflète aussi dans notre attitude physique: nos épaules sont plus tombantes, nous marchons en regardant le sol et nous essayons d'éviter les regards.

«Le découragement est l'une des grandes manifestations de la dépression», peut-on lire dans tous les articles traitant du sujet. Notre famille nous ennuie, nos amis aussi. «De toutes façons, qui pourrait bien s'intéresser à quelqu'un comme moi?» pensons-nous alors. Lentement, nous nous coupons des autres, jusqu'à rompre toutes les communications. Nous ne partageons plus rien et nous refoulons toutes nos émotions, ce qui entraînera des conséquences pires encore.

Plusieurs personnes ont de la difficulté à trouver un sommeil réparateur. L'insomnie fait, en effet, souffrir beaucoup de gens à différentes périodes de leur vie. Les troubles du sommeil sont également un signe important d'une dépression en cours. Ils peuvent prendre différentes formes. Il ne s'agit pas seulement de ne pas dormir ou de se réveiller deux ou trois fois par nuit. On peut tout aussi bien dormir dix heures par nuit mais, au réveil, avoir de la difficulté à se lever du lit tellement on n'a pas envie d'entreprendre la journée. Naturellement, les troubles du sommeil entraînent une fatigue constante qui fait en sorte qu'on se traîne partout.

Quant au sentiment de nullité, il nous donne l'impression que toute notre vie a été une série d'échecs et que tout est de notre faute. Nous repassons différentes périodes de notre vie en imaginant ce que nous aurions dû faire et que nous n'avons pas fait. Le résultat est pitoyable et fait de nous des êtres faibles. Quand tout va mal, nous sommes incapables de nous évaluer objectivement.

Pourtant, quand tout va bien, nous sommes ouverts à la critique et nous assumons mieux les choix que nous avons faits, même si ce n'était pas toujours les bons. Lorsque nous prenons une décision, nous le faisons avec les informations dont nous disposons au moment de la prendre. Il est facile de nous blâmer après coup pour une mauvaise décision, mais notre cœur nous indique habituellement quel est le meilleur chemin à prendre au moment où nous devons choisir.

Par contre, décider quelque chose quand tout va mal s'avère très difficile. Nous naviguons sur une mer houleuse et chaque décision devient primordiale, comme si notre vie entière en dépendait.

Quand tout va mal, notre corps entier nous envoie un signal constant et de plus en plus fort que quelque chose ne tourne pas à notre goût. Il nous dit aussi que nous nous mettons en danger en refusant de voir les messages transmis. Dans cet état, nous pouvons encore nous en sortir, reconnaître notre vrai problème et tenter de le régler. Malheureusement aussi, nous pouvons continuer à lutter contre nous-mêmes. Les effets sont dévastateurs.

Pour mieux tenter, encore une fois, de repousser les émotions qui nous assaillent, nous pouvons nous faire croire que notre problème est en réalité l'angoisse et tous ses symptômes. Nous allons donc tenter de trouver des moyens de nous changer les idées. Certains recherchent alors une attention constante ou se jettent carrément dans le travail; d'autres se lancent dans de folles aventures amoureuses. L'idée est de se convaincre que le malaise ne vient pas de son insatisfaction réelle. Drogue, alcool et autres paradis artificiels vont bientôt prendre leur place. Tout pour oublier!

Inutile de dire que rendu à ce stade, il est vrai que tout va mal. Une semaine normale d'activités est constamment chambardée par une tempête d'émotions et de besoins à combler. Les querelles et les conflits se succèdent. Les mauvaises décisions aussi. Les coups de tête se font plus nombreux. Chaque geste irréfléchi entraîne une réaction en chaîne. Reste que l'individu ainsi perdu a toujours ce besoin énorme d'être aimé et il est prêt à tout pour y arriver.

Pendant qu'elle tente tant bien que mal de survivre à ce mal à l'âme, une personne peut éprouver des problèmes de santé beaucoup plus importants. C'est le corps entier qui réagit. Ulcères, troubles cardiaques, maladies de la peau, insomnie sont autant d'appels au secours de notre organisme.

La vraie dépression est une maladie très répandue et elle affecte des gens de tous les âges et de tous les milieux. Certains spécialistes affirment qu'un homme sur dix et qu'une femme sur cinq seront touchés au cours de leur vie. Les dépressions majeures peuvent durer de six à douze mois. Heureusement, plus de 85 % des personnes souffrant de dépression peuvent être traitées de manière efficace. Dans 75 % des cas, tous les symptômes disparaissent; pour les 25 % restants, ces symptômes affecteront, du moins en partie, leur vie quotidienne.

Une étude américaine*, réalisée auprès de plus de quatre mille personnes âgées, a prouvé que les symptômes de la dépression, comme la tristesse, la perte de l'envie de vivre, le sentiment de solitude et l'irritabilité, augmentent de 40 % les risques de développer une maladie coronarienne. Les raisons sont nombreuses, mais l'étude ne les démontre pas clairement. Il se pourrait que le stress influence le dépôt de graisse sur les parois des vaisseaux sanguins, mais il se pourrait tout aussi bien que les personnes âgées dépressives consacrent moins d'énergie à l'activité physique et à une saine alimentation; par conséquent, elles développent davantage d'affections cardiaques.

---

* www.doctissimo.fr, dossier déprime et dépression, septembre 2001.

Les hommes et les femmes sont très inégaux devant la dépression. En Virginie, les chercheurs de l'équipe du Dr Kenneth Kendler, chef du département de psychiatrie du Collège médical de Virginie* ont étudié pendant dix ans cinq mille paires de jumeaux. L'étude confirme que le risque de dépression est plus élevé chez les femmes que chez les hommes, même si les frères et les sœurs jumeaux avaient été élevés au sein de la même famille.

Ce qu'il y a d'intéressant dans cette étude, c'est que les événements qui perturbent les individus varient d'un sexe à l'autre. Les hommes sont plutôt affectés par les pertes d'emploi et les préoccupations professionnelles, alors que les femmes citent davantage des difficultés de logement, des ennuis avec leur famille ou des problèmes de santé chez des proches pour expliquer leur découragement.

De plus, les hommes apparaissent davantage vulnérables devant une séparation ou un divorce, ce qui pourrait expliquer, toujours selon le médecin, le fort taux de mortalité chez les veufs. Les femmes, elles, vont déprimer davantage en raison de problèmes qui touchent leurs proches. Enfin, l'étude tend à démontrer que les femmes ne se stressent pas davantage que les hommes face à une situation difficile.

L'insatisfaction

En plus de faire face aux épreuves que la vie nous envoie, comme la perte d'un travail, les difficultés financières, les enfants malades, et autres, nous devons composer avec notre insatisfaction profonde.

---

* Voir les conclusions détaillées de son étude sur le site www.doctissimo.fr

Les insatisfaits sont des gens constamment tourmentés qui peuvent penser à plusieurs choses en même temps. Ils peuvent regretter une action longuement mûrie en se disant qu'ils auraient dû, dans le fond, choisir autre chose en raison de tous les avantages que cela présentait. Ils oublient très rapidement le bien-être qu'ils éprouvent pour se rappeler qu'ils pourraient être mieux ailleurs.

L'insatisfaction chronique est aussi une raison valable pour éprouver de l'anxiété et de l'angoisse. L'insatisfait se dénigre et pense que les autres sont plus doués, plus beaux et plus intelligents. Les insatisfaits sont souvent pessimistes et acceptent difficilement les compliments pour mieux se protéger. Ils analysent et se comparent. Ils ne veulent pas dépendre de personne mais, en même temps, ils sont toujours disponibles pour aider les autres.

Les psychothérapeutes américains Laurie Ashner et Mitch Mayerson, dans un ouvrage sur le sujet (InterÉditions 2000), indiquent que l'insatisfait chronique est un enfant issu d'un milieu où on ne l'a pas félicité pour avoir réalisé lui-même quelque chose et où il n'a pas reçu d'amour inconditionnel de ses parents: il a essayé de le gagner, mais en vain. Pour les auteurs, ces enfants ont appris que celui qui a des besoins est dépendant et que celui qui donne se rend indispensable.

Être constamment insatisfait cache évidemment un malaise profond. Si, durant toute votre enfance, vous avez entendu dire par les autres que vous étiez exceptionnel, il est un peu normal que vous vous attendiez à ce que, plus tard, les choses vous arrivent automatiquement. Les insatisfaits veulent souvent l'impossible. En amour, par exemple, ils chercheront quelqu'un qui a tout, sans compromis. Cependant, chercher l'impossible éloigne des vrais besoins et cela peut entraîner un désespoir plus profond. Les périodes où tout va mal sont pour eux des moments où il leur est impossible d'obtenir ce qu'ils veulent.

L'insatisfaction chronique peut être un signe de dépression en voie de s'installer. Les personnes qui en souffrent sont souvent malheureuses parce qu'elles attendent trop des autres et d'elles-mêmes. Souvent, elles se cachent et attendent que la crise passe, mais rien ne se règle ainsi.

«Pourquoi moi?»

Répétons-le, il est normal de se sentir parfois déprimé dans la vie. La tristesse, le découragement peuvent survenir après la mort d'un proche, à travers la maladie ou devant la difficulté à s'adapter à une nouvelle situation. Se sentir parfois coincé ou souffrir à l'occasion de solitude ou d'incompréhension, c'est normal. On peut même pleurer sans savoir pourquoi. Ce ne sont pas là des signes de maladies mentales ni de folie. Toutefois, il faut surtout éviter de s'isoler lorsqu'on ressent de tels sentiments.

On peut remonter son moral relativement facilement en demeurant optimiste, en faisant de l'exercice, en prenant du repos et en surveillant son alimentation. Cependant, si la situation persiste, la dépression peut avoir un effet sur nos émotions et sur tout notre corps.

Les spécialistes qui traitent la dépression ne sont pas convaincus d'avoir trouvé les causes exactes de cet état. Il faut d'abord faire une distinction nette entre un bon coup de cafard et une véritable dépression. On entend trop souvent des gens dire qu'ils sont «sur le bord de la dépression», alors qu'en réalité ils connaissent une mauvaise période. Une bonne nouvelle inattendue peut venir brasser les cartes de la vie d'un seul coup et les replacer sur le chemin de l'équilibre.

Une question demeure: qu'est-ce qui fait que deux personnes vivant les mêmes événements ne deviendront pas nécessairement dépressives toutes les deux? Plusieurs pistes de solutions sont avancées, mais il semble bien que la réponse ne soit pas encore évidente pour les chercheurs.

De nombreux indices nous portent à croire qu'il s'agirait tout simplement d'un défaut biologique: chez certains individus, le système de neurotransmetteurs serait déficient. Cela occasionnerait, entre autres, des troubles du sommeil, de la difficulté à se concentrer et l'apparition d'idées noires.

D'une façon plus simple, il faut savoir que le cerveau est le centre de contrôle de tout le corps humain. Il envoie des messages à toutes les parties du corps. Ces messages, transformés en substances chimiques (les neurotransmetteurs), viennent s'attacher à des récepteurs qui provoquent l'action demandée. S'il y a une seule petite faille dans tout ce système complexe, l'information passe mal, le message est mal reçu, mal interprété et l'action posée ne sera pas la bonne. Lorsqu'une telle situation est détectée, elle peut être traitée par des médicaments, qui s'avèrent souvent efficaces.

D'autres études indiquent que la dépression pourrait être héréditaire. Les enfants dont les parents souffrent de dépression ont plus de risques de développer la maladie, même à un très jeune âge. Les enfants et les adolescents peuvent aussi faire des dépressions. Pourtant, diront certains, ces jeunes n'éprouvent pas les mêmes problèmes d'argent, de travail, de stress que les adultes; comment peuvent-ils se retrouver en situation de dépression?

En mai 2000, des chercheurs de l'Université Columbia, à New York, ont déterminé que les cas de dépression chez les jeunes étaient plus fréquents lorsque les parents souffraient eux-mêmes de troubles dépressifs. De plus, selon une autre étude, de tels enfants peuvent aussi souffrir d'autres troubles, comme des crises de panique ou d'agoraphobie (la peur des espaces libres et des lieux publics).

Ces recherches et ces découvertes, encore trop peu nombreuses, accordent cependant bien du crédit à l'hypothèse que les gens anxieux et angoissés pourraient être victimes de leur bagage génétique. Les spécialistes ne sont pas en mesure cependant de le certifier pour l'instant et plusieurs soutiennent que la dépression est causée par un ensemble de facteurs. Si la génétique en est un, l'environnement pourrait aussi jouer un rôle important.

Le *burnout*

Lorsqu'on mène une vie relativement normale avec un travail régulier, une famille traditionnelle et un stress raisonnable, il est très difficile d'accepter tout à coup de se retrouver en panne. Après quelques mois d'efforts soutenus pour se sortir de cet état de déprime, certains constatent, avec hésitation, qu'ils sont épuisés. Les années quatre-vingt-dix ont d'ailleurs été marquées par de nombreux cas de *burnout*. Alors qu'on n'entendait jamais ce mot dans les années soixante-dix, il est soudain apparu dans le vocabulaire populaire. Il est devenu tellement à la mode qu'il devient presque banal aujourd'hui de dire qu'un collègue est en *burnout* et qu'il reviendra au bureau dans quelques mois.

Dans notre société de vitesse, il est admissible d'être en *burnout*, mais il y a encore quelques années, les patients préféraient cacher le fait qu'ils avaient vécu un épuisement professionnel. Certains employeurs (il en existe encore, malheureusement) voyaient d'un très mauvais œil de tels employés, aussitôt évalués comme faibles. Or, devant l'accroissement des cas de *burnout* et, surtout, des témoignages de gens de tous les milieux, le phénomène semble de mieux en mieux accepté.

Mais qu'est-ce que le *burnout*, sinon l'aboutissement d'une période plus ou moins longue où tout va mal? Chacun fait sa démarche pour cerner les causes profondes afin de trouver une solution à ses problèmes, mais le processus demeure le même: la personne se trouvait dans une situation inconfortable, désagréable et démotivante. Son degré d'écœurement augmentait en même temps qu'elle se sentait dévalorisée et peu appréciée. Jour après jour, sa motivation diminuait au même rythme que les problèmes s'accumulaient. Bref, tout allait mal jusqu'au jour où elle a jeté la serviette.

Anxiété, angoisse, *burnout* ou dépression, tous ces mots traduisent un mal de vivre dont on doit s'occuper rapidement. Lorsqu'il n'est pas traité, ce mal à l'âme peut nous mener au pire. Pourquoi ne pas s'occuper de sa petite déprime avant qu'elle prenne des proportions énormes?

Le suicide

Dans le site Internet de l'Association québécoise de suicidologie, un organisme lié à l'étude et à la prévention du suicide, on peut prendre connaissance du processus qui mène à l'acte final. On peut y lire, notamment, que, selon le principe d'homéostasie (la stabilisation de différentes constantes physiologiques chez les êtres vivants), toute personne essaie de maintenir un équilibre dans sa vie. Lorsqu'un événement ou une suite de problèmes vient briser cet équilibre, la personne essaie de toutes les façons qu'elle connaît de retrouver cet état.

De fait, nous avons tous élaboré au fil des ans des stratégies pour se sortir d'une crise. Nous utilisons des mécanismes de défense pour nous protéger, nous fuyons devant une situation pénible, nous faisons preuve de plus d'autorité, nous nous affaissons avant de rebondir. Quelle que soit la méthode utilisée dans le passé, lorsqu'il se produit un ou des événements perturbants et que les stratégies connues ne fonctionnent plus, nous vivons alors une tension et un stress énormes.

Cette situation motive certains à tenter des stratégies inconnues jusque-là. Si elles fonctionnent, ils viennent alors de progresser et d'acquérir de nouveaux outils personnels qui les aideront dans le futur. Si elles échouent, la phase de tension devient plus aiguë. Le suicide peut être vu comme le seul moyen de mettre fin aux souffrances; on parlera alors de crise suicidaire. Selon l'association, ce n'est pas la mort qui est recherchée, mais bien la fin de la souffrance.

La première idée liée au suicide surviendra, puis cette idée deviendra de plus en plus fréquente, jusqu'au moment où des plans seront élaborés. Avant le passage à l'acte, l'étape ultime, la personne découragée modifiera son comportement. Il existe bien sûr plusieurs signes précurseurs qui laissent entrevoir qu'une personne songe au suicide. Certains enverront à leur entourage des messages verbaux clairs du genre

«Je vais me tuer» ou encore «Je n'ai plus le goût de vivre», mais parfois, l'appel à l'aide est beaucoup plus subtil: «Bientôt, vous allez avoir la paix» ou encore «Je vais débarrasser le plancher». Enfin, l'association indique que les candidats au suicide font souvent don de leurs objets préférés avant de passer à l'acte. Ils vont aussi, dans certains cas, mettre leurs affaires en ordre et même changer de tenue vestimentaire ou d'habitudes hygiéniques.

La perte de plaisir et de désir, le manque de cohésion dans le langage, les changements brusques d'humeur, l'agressivité ou encore les émotions changeantes sont considérés comme des signes de souffrance dont il faut s'occuper rapidement.

Il existe aussi des mythes concernant le suicide. Ils s'adressent principalement à ceux et à celles qui ont, dans leur entourage, des personnes pour qui tout va mal depuis un certain temps. Un des mythes les plus tenaces est de penser que ceux qui parlent de se suicider ne le feront pas. Trop souvent, les gens ont tendance à penser qu'une personne dépressive ou découragée ne veut qu'attirer l'attention sur elle ou manipuler son entourage. Or, les chiffres produits par l'Association québécoise de suicidologie démontrent que sur dix personnes qui se suicident, huit ont donné des indices de leurs intentions. Nous devons donc prendre très au sérieux un proche qui évoque le suicide.

Autre mythe concernant le suicide: ceux et celles qui passent à l'acte sont vraiment décidés à mourir. Cela implique qu'elles ont vraiment évalué toutes les issues de secours et que la seule porte de sortie est celle de la mort. Il appert que la personne suicidaire est ambivalente et que la mort représente pour elle, à ce moment-ci, la meilleure option. Si nous pouvions réussir à en proposer de meilleures, nous serions peut-être en mesure d'éviter des suicides.

Un autre mythe très intéressant concerne la question du courage ou de la lâcheté. Autour d'une table, entre amis, discutez du phénomène du suicide et vous verrez que les avis sur la question sont très contradictoires. Certains pensent qu'il faut être très courageux pour faire un tel geste; d'autres, par contre, estiment que le suicide est un acte de lâcheté puisque vivre est très difficile et que, par conséquent, ceux qui se suicident n'ont pas le courage de vivre. La réalité est tout autre. La personne suicidaire n'évalue pas si son geste sera lâche ou courageux. Là n'est pas la question. Le suicide représente la dernière solution pour faire cesser la souffrance. Évaluer le courage ou la lâcheté n'appartiendra qu'à ceux qui resteront.

Nous entendons régulièrement également que les gens se sont suicidés sans avertissement. «Il était au bureau la semaine dernière et rien ne laissait présager un tel geste», dira-t-on. Or, le suicide est l'aboutissement d'un long processus. Ça ne s'est pas mis à mal aller en l'espace de 24 heures. Les émotions du début se sont transformées en anxiété, en angoisse, en déprime, en dépression et la dernière option a ensuite été envisagée. La personne suicidaire ne s'est peut-être pas ouverte à tout le monde pour crier son désarroi, mais des messages ont été envoyés et sont souvent demeurés sans réponse.

Les spécialistes estiment aussi que le suicide n'est ni héréditaire ni génétique. C'est un comportement appris et non inné. Si, par malheur, un de vos parents s'est suicidé, cela ne veut pas dire que vous agirez automatiquement de la même façon pour régler vos problèmes. Cependant, il est clair que le suicide d'un parent proche représente un lourd bagage à traîner. Il se peut que cette solution soit envisagée un jour ou l'autre, mais rien n'est joué d'avance.

Un dernier mythe, très courant celui-là: il faut provoquer quelqu'un qui veut se suicider dans le but de l'amener à voir à quel point son geste est insensé. Or, lancer un défi à une personne qui manifeste l'intention de se suicider peut aussi lui faire sentir que sa mort est souhaitée par ses proches. Inutile de penser aux remords et aux regrets qui pourraient nous hanter en apprenant que la personne est effectivement passée à l'acte!

Parler du suicide est une bonne chose, rappellent les spécialistes dans le domaine, mais il faut le faire de façon à ouvrir des portes aux personnes qui se sentent désespérées. Il faut plutôt leur donner l'occasion de parler ouvertement de leurs problèmes, pour ensuite tenter de les aider, soit en les rassurant, soit en les guidant vers les ressources qui pourront les prendre en main.

Il est important pour chacun de nous
de savoir que lorsque tout va mal,
on doit compter sur l'écoute des autres.
On doit faire un effort pour s'ouvrir aux autres
afin de rechercher l'aide dont on a besoin.

En parlant de ce qui nous dérange, nous pourrons alors nous rendre compte que la situation vécue est parfois extrêmement complexe. Nous croyons souvent à tort qu'une période où tout va mal est causée seulement par un seul événement. Or, il s'agit souvent d'une série de petits tracas qui peuvent déranger notre équilibre. Alors, un grand ménage intérieur s'impose. Il nous faudra déterminer ce qui est bon pour nous dans notre quotidien, ce qui l'est moins et de quelle façon cela nous affecte.

Tout ce qui nous dérange provoque une émotion néga-
tive en nous. Il faut reconnaître cette émotion et la comprendre. Il faut ensuite l'accepter et y faire face. Réglons nos
problèmes à mesure qu'ils se présentent. Il ne sert à rien
d'accumuler les situations désagréables, les frustrations ou
les épreuves en pensant qu'elles se solutionneront d'elles-
mêmes un jour ou l'autre.

Les prochains chapitres vous fourniront une panoplie de
pistes de solutions pour essayer de rétablir l'équilibre quand,
soudainement, tout se met à mal aller.

CHAPITRE 4

Des pistes de solutions psychologiques

N ous avons tous, à l'intérieur de nous-mêmes, un sentiment profond qui nous habite de façon générale. Il
s'agit de quelque chose de très subtil et d'abstrait qu'il est
difficile de définir. C'est une impression générale de nous-
mêmes basée sur ce que nous vivons. Sur le plan ésotérique,
cette impression pourrait se comparer à l'aura. Les initiés
sont en mesure de voir l'aura d'une personne, c'est-à-dire la
forme d'énergie qui l'entoure. Ils sont aussi en mesure d'en
voir la couleur et de l'interpréter en conséquence. On dira,
par exemple, qu'une aura noire est signe d'intolérance ou
de rejet de soi, que le rouge est synonyme d'amour, de passion ou de désir, ou encore que le bleu représente une spiri-
tualité élevée.

Sur le plan psychologique, il est possible de représenter
en images l'impression qui nous ressemble le plus. Quand

tout se met à aller de travers, plusieurs se sentent comme dans une tempête. C'est aussi mon cas. Dans ces moments-là, on sent qu'un gros nuage gris se profile au-dessus de sa tête. Le vent est fort et froid et on ne trouve pas de place pour s'abriter. Soudain, la tempête se déchaîne et on passe à l'action pour se défendre ou attaquer. Cet état intérieur peut durer quelques minutes, quelques heures ou quelques jours, tout comme dans la nature. Le temps peut être nuageux plusieurs jours sans qu'il pleuve nécessairement; une forte averse peut aussi se déclencher subitement et laisser place aux rayons du soleil immédiatement après.

Notre humeur est comme la météo:
difficile à prévoir avec exactitude,
mais intéressant à voir venir.

Tout comme on se prépare à affronter l'orage en fermant les portes et les fenêtres de sa maison pour se mettre en sécurité, on devrait se préparer lorsqu'on sent une tempête monter en soi. Apprendre à mieux se connaître veut dire aussi être capable de repérer les moments déclencheurs qui font en sorte que l'équilibre intérieur est rompu. S'il est parfois impossible d'éviter des situations désagréables, on peut à tout le moins être conscient qu'un moment difficile s'en vient de façon à en minimiser les répercussions.

Outre les moments de tempête, nous ressentons aussi divers sentiments profonds dans notre quotidien. Plusieurs, par exemple, se sentent toujours en colère. Ils semblent dirigés par une impression générale que tout leur tombe sur les nerfs. D'autres éprouvent, de façon générale aussi, un sentiment d'inquiétude. Amusez-vous à tenter de décrire un de vos proches par un seul mot. Votre conjoint est-il impatience, tristesse, joie, stress? Et vous, quel mot peut vous décrire le mieux, de façon générale?

Cerner le problème

Le premier réflexe que nous avons quand notre train déraille, c'est justement de dire que «tout» va mal alors que c'est souvent faux. Il est donc extrêmement important, pour se sortir de cette crise passagère, de cerner rapidement et d'une façon précise ce qui va mal. Ce n'est pas facile du tout puisque, dans notre tête, nous pensons que rien ne va.

Il faut donc faire un grand ménage intérieur et, comme pour le ménage de la maison, y aller pièce par pièce. Il faut surtout éviter de voir toute la maison en une seule et unique tâche à accomplir, car cela devient trop imposant et démotivant. Quand on ne sait pas par où commencer, on est souvent porté à laisser tomber avant même de débuter.

Alors, prenons les choses une par une. Vous vous sentez mal dans votre peau en ce moment et vous avez l'impression que tout cloche? Votre emploi vous ennuie? Votre conjoint est distant? Vos enfants vous causent de l'inquiétude? Est-ce un aspect de votre physique qui vous tracasse à ce point? Est-ce que quelqu'un vous a fait une remarque qui vous aurait blessé? Qu'est-ce qui ne marche pas, au juste?

Essayez de trouver les mots pour exprimer clairement comment vous vous sentez. Vous n'êtes pas obligé de le dire à quelqu'un. Vous pouvez vous parler à haute voix dans votre automobile. Si vous avez de la difficulté à parler seul à haute voix pour toutes sortes de raisons et si vous n'avez personne pour vous écouter, pourquoi ne pas l'écrire? Il s'agit là d'une excellente manière de verbaliser ce qui ne va pas. Ne faites pas attention à l'orthographe ou au fait que vous écrivez plutôt mal. Ne vous laissez pas distraire par la forme. Contentez-vous de mettre sur papier toutes vos frustrations sans vous censurer. Utilisez les mots qui vous viennent à l'esprit pour décrire exactement ce que vous vivez. Laissez les émotions monter en vous et écrivez ce que vous n'aimez pas de votre vie actuellement.

Quand vous terminerez cet exercice, relisez-vous et portez attention à ce que vous aurez écrit. Vous verrez que, tout naturellement, les choses se sont mises en place par priorité. Ce que vous avez dénoncé en tout premier lieu est souvent ce qui vous répugne le plus pendant la crise que vous vivez. Vous pourrez ensuite cerner les situations et les personnes que vous n'avez pas mentionnées sur papier. C'est donc qu'elles ne sont pas en cause. Tout comme si c'était un entonnoir, vous verrez que votre problème, qui paraissait énorme et insurmontable au départ, sera maintenant de taille moindre. Vous saurez aussi que vous n'avez pas à vous inquiéter des choses qui vont bien et vous parviendrez à mettre l'accent sur celles qui méritent votre attention.

De la phrase du départ «Tout va mal dans ma vie actuellement!», vous parviendrez peut-être à dire «Je ne suis pas satisfait de mon travail actuellement» ou bien «Ma vie de couple ne va plus» ou encore «Je ne m'aime pas parce que je me trouve trop ceci ou pas assez cela!».

L'important est de travailler à réduire
le nombre de problèmes qui causent
votre insatisfaction et vous donnent
la désagréable impression que tout va mal.

Vous n'êtes pas seul

Après avoir déterminé le plus précisément possible ce qui dérange véritablement votre vie, prenez conscience que vous n'êtes pas le seul à vivre ce problème. Cela ne réglera pas votre situation, mais, au moins, cela vous aidera à voir qu'elle est surmontable. «Il n'y a pas de problème, il n'y a que des solutions!» disait un éternel optimiste.

Ce n'est pas pour rien que les groupes de soutien existent. Que ce soit les Alcooliques anonymes, les Déprimés anonymes ou les Outremangeurs anonymes, ces groupes fournissent une aide considérable; en effet, cela fait du bien de se retrouver avec des gens semblables qui peuvent partager leurs expériences et des pistes de solutions. Quand tout va mal, plusieurs ont tendance à s'isoler et à refouler leurs frustrations et leurs problèmes. Le danger est d'en arriver à penser que nous sommes les seuls à avoir des difficultés.

Bien des gens n'aiment pas leur travail ou leur patron. Bien des gens ont des problèmes financiers ou amoureux, et bien d'autres éprouvent à l'occasion des ennuis de santé. Encore une fois, cela ne solutionnera pas votre problème de savoir que d'autres personnes vivent la même situation, mais le fait qu'une seule d'entre elles ait réussi, quelque part dans le monde, à surmonter sa difficulté signifie que vous pouvez réussir aussi.

Retrouver qui l'on est

Avant d'envisager de passer à l'action pour rééquilibrer notre vie, nous devons d'abord faire un examen de conscience pour nous recentrer sur nous-mêmes. C'est aussi une caractéristique de la tourmente que de se sentir désorganisé et désordonné. Le grand ménage doit commencer par notre intérieur.

Quand tout va mal pendant quelques semaines, notre confiance en nous en prend pour son rhume. Nous attachons alors beaucoup plus d'importance à ce que les autres pensent de nous qu'à ce que nous sommes réellement. Malheureusement, dans ces moments-là, nous avons peur de ne pas être à la hauteur et nous voyons tout en noir.

Pour réussir à se recentrer, il existe des grilles d'analyse faciles à remplir dans lesquelles l'utilisation du «Je» est primordiale. Ainsi, je vous invite à prendre un bout de papier et à compléter les affirmations suivantes. Vous verrez: c'est un excellent moyen de se retrouver.

- Je me sens vraiment moi-même quand…

- Je me sens très malheureux quand…

- Je déteste quand…

- Ça me rend heureux quand…

- Dans cinq ans, j'aimerais…

- Ma principale qualité est…

- Mon principal défaut est…

- Mon plus beau souvenir est...

- Quand je suis seul, je me sens habituellement...

- J'aimerais changer ma façon de...

- La personne qui m'aime le plus est...

- Ce que j'aime le plus chez quelqu'un, c'est...

Ce ne sont là que quelques exemples de phrases qui vont vous permettre de peindre un portrait plus juste de vous-même. Vous pouvez en trouver de nombreuses autres ou encore demander à un ami de vous en suggérer. L'exercice peut même se faire à deux afin de permettre à l'autre personne de se découvrir et de vous découvrir en même temps. Lorsque vous avez complété les phrases, il en ressortira un portrait général de votre personnalité et vous pourriez alors en dresser les grandes lignes. Vous trouverez peut-être quelqu'un qui semble très loin de vous à ce moment-ci parce que les choses ne tournent pas à votre goût.

Sur la liste des éléments que vous avez écrits sur vous-même, il y en a que vous aimez sûrement et d'autres moins. Si les choses que vous aimez moins pouvaient être changées, vous sentiriez-vous plus heureux? Si la réponse est oui, cela vaut peut-être la peine de mettre les efforts qui s'imposent pour les modifier. Dans le cas contraire, restez comme vous êtes. On ne change pas pour les autres, on change pour soi-même.

Prendre les choses moins dramatiquement

Quand les choses se mettent à mal aller, nos nuits deviennent mouvementées, la fatigue s'installe et l'anxiété grandit. Nous brûlons alors beaucoup plus d'énergie à nous imaginer toutes sortes de choses, la plupart du temps plus catastrophiques les unes que les autres. Quoi que nous imaginions, nous en sortons toujours perdants. Même nos rêves sont influencés par la situation difficile que nous vivons quotidiennement. Nous nous retrouvons alors constamment poursuivis, victimes de tentatives d'assassinat, trompés par nos proches, volés, battus, abandonnés. Bref, rien de bien bon pour commencer une journée après une telle nuit!

Le plus extraordinaire, c'est que les gens anxieux s'imaginent plein de choses qui pourraient arriver. Cependant, les réactions à cette imagination sont souvent bien réelles et c'est ce qui cause notre malaise. Imaginer des choses horribles reflète souvent une peur quelconque. Craindre chaque jour de perdre son emploi, craindre que son conjoint parte ou avoir peur de mourir peuvent devenir des obsessions ayant des conséquences directes sur le quotidien. Or, que peut-on faire si l'heure est venue? Y penser 24 heures sur 24 ne retardera pas le moment de partir, n'est-ce pas? Nous devons apprendre à voir notre vie dans sa réalité et non d'une façon virtuelle. Soyez à l'écoute de vos pensées et des images qui vous viennent en tête et lorsqu'elles sont effrayantes ou inquiétantes, dites-vous qu'elles ne sont que des hypothèses, et non pas la réalité.

Il y a des gens pour qui c'est facile de s'imaginer tout un roman à partir d'un simple incident, par exemple, un conjoint qui arrive en retard. Il n'y a rien en soi pour paniquer, surtout s'il s'agit d'adultes matures. Toutefois, ce simple retard peut entraîner une série d'images négatives. Soudainement, sans trop qu'on sache pourquoi, une peur s'installe. Le conjoint nous trompe avec quelqu'un d'autre, il nous cache quelque chose, il a eu un accident, une panne de voiture, il est peut-être à l'hôpital, peut-être mort!

Il faut apprendre à remettre les événements
dans une perspective plus réaliste.
Quand rien ne semble aller, sachons faire
la part des choses entre ce qui va
vraiment mal et ce qui est imaginaire.

La seule réalité est celle de l'instant présent, mais notre passé se manifeste chaque jour de notre vie par la mémoire que nous en avons. Or, notre vision du passé est seulement une interprétation; ce n'est pas la réalité d'aujourd'hui. Plusieurs personnes se rendent malheureuses en raison de leur enfance, mais cet attachement au passé n'est qu'une illusion.

Le lâcher-prise

Certaines situations exigent qu'on s'en occupe immédiatement en tentant de trouver des solutions satisfaisantes. D'autres, par contre, sont hors de notre contrôle. Lorsque nous analysons pourquoi tout se met à mal aller dans notre vie, nous devons d'abord déterminer précisément ce qui ne va pas, puis nous demander si nous avons les moyens de changer les choses.

Dans une relation amoureuse, par exemple, nous pouvons faire tout en notre possible pour plaire à notre partenaire. Nous pouvons satisfaire ses besoins, que ce soit en l'écoutant, en le soutenant, en l'encourageant. Nous pouvons aussi combler ses besoins sensuels et sexuels et nous pouvons, enfin, être un bon partenaire sur le plan matériel. Ce que nous ne pouvons pas faire par contre, c'est de penser, de sentir et de choisir à sa place. Si notre conjoint tombe amoureux de quelqu'un d'autre ou s'il choisit d'aller vivre dans une autre ville parce que son travail le lui commande, nous ne pouvons pas y faire grand-chose.

Lâcher prise, c'est reconnaître que nous
ne pouvons pas influencer la réalité devant laquelle
nous sommes et choisir de ne pas en être affectés.

Trop souvent, les conjoints qui vivent une séparation se sentent coupables de tout ce qui vient de se produire. «J'aurais dû faire ceci ou j'aurais dû faire cela» ne permet pas de remonter le temps et de modifier les événements. Il est bon de faire une juste évaluation des responsabilités qui nous incombent, sans toutefois prendre tout le blâme. C'est aussi une façon de surmonter les périodes difficiles dans nos vies, c'est-à-dire en évitant de nous culpabiliser inutilement pour des choses dont nous ne sommes pas responsables. Le fait d'en prendre trop sur nos épaules peut nous amener à nous déprécier et les personnes qui se déprécient deviennent timides, anxieuses et déprimées.

Lorsqu'on se sent ainsi, le quotidien tourne moins rondement. Nous sommes aussi plus susceptibles de prendre de mauvaises décisions et de faire des choses qui peuvent nuire à notre santé. Par exemple, les fumeurs disent fumer davantage lorsqu'ils sont malheureux ou stressés. Une personne sûre d'elle et en pleine possession de ses moyens, par contre, pensera davantage à être active. Elle sait qu'il est important qu'elle prenne soin d'elle. Elle a une bonne opinion d'elle-même.

Le lâcher-prise devient plus facile avec l'âge. Les choses qui paraissaient importantes à vingt ans le sont moins à quarante. La performance au travail, l'obsession de la réussite à tout prix, le désir d'être quelqu'un d'unique sur la terre font place à une maturité qui procure des moments de grande paix intérieure.

Combien de femmes se comparent encore à ces images de la femme parfaite qui travaille à temps plein, s'occupe des enfants et de la maison avec le sourire tout en restant belle, mince et désirable? Combien d'hommes veulent en même temps être beau, fort, sexy en réussissant parfaitement leur vie professionnelle et leur travail de père?

Nous oublions que les apparences sont trompeuses. Pour projeter une belle image, nous sommes parfois prêts à faire bien des compromis. Lâcher prise, c'est aussi accepter que nous ne sommes pas toujours parfaits. C'est admettre que nous pouvons faire des erreurs et que les autres aussi en font, parfois à nos dépens. C'est accepter ceux et celles qui nous entourent avec respect, en reconnaissant qu'ils ont des points forts et des points faibles.

La perception des choses

Tout est une question de perception et nous choisissons nous-mêmes notre propre façon de voir les choses. En fait, nous créons à chaque instant notre propre réalité intérieure. Cela veut dire que nous pouvons maîtriser ce qui dépend de nous. Or, l'action de penser dépend de nous seuls.

Prenons un exemple simple. Le fils ou la fille de votre voisin se présente chez vous avec une coiffure et des vêtements qui sortent vraiment de l'ordinaire: les cheveux sont multicolores et les vêtements sont ornés de décorations diverses. C'est la première fois que vous voyez cette personne ainsi accoutrée. Auparavant, elle était plutôt du genre conventionnel.

Quelle sera votre première réaction? Quelle sera votre deuxième réaction? La première sera peut-être de penser que la jeune fille ou le jeune garçon est devenu drogué, membre d'une secte ou d'un *gang* de rue. Vous pourriez aussi réagir fortement en disant que vous ne voulez pas avoir affaire à elle ou à lui. Vous pourriez, par contre, prendre la chose avec humour et conclure que cet habillement est bien de son âge. Vous comprenez qu'il existe donc plusieurs façons de voir les choses et que vous seul êtes responsable de celle que vous choisirez. Ainsi, le fils ou la fille de la voisine est la même personne, que vous la voyiez d'une façon ou d'une autre.

Que ce soit une situation ou un événement qui nous touche personnellement ou pas, nous sommes totalement libres de choisir de l'interpréter à notre façon. Cependant, il faut aussi assumer que la perception que nous décidons d'avoir aura des conséquences sur nos prochains jugements et sur nos décisions futures.

Quand tout se met à mal aller,
il faut être capable de prendre du recul
face aux événements et se demander
s'il existe d'autres façons de voir les choses
qui conviendraient davantage.

Quand quelque chose nous affecte au point de provoquer un malaise et une impression désagréable qui dure des jours et des jours, nous devons nous demander si ce n'est pas notre perception des choses qui est en cause bien plus que la réalité elle-même. Par exemple, je réalise un travail au bureau qui reçoit l'approbation de tous mes collègues, sauf un. Ce dernier, bien vu du reste du groupe, ne se gêne pas pour critiquer et démolir mes idées, ce qui semble influencer les autres. Je retourne chez moi et je me rends bien compte que j'éprouve un sentiment désagréable. Je me demande pourquoi cette personne me critique autant et ce que je pourrais bien lui avoir fait. Je me dis aussi que mon travail n'était peut-être pas aussi bon qu'il en avait l'air et que j'aurais dû y mettre plus d'efforts. Bref, sa critique suscite inquiétude et anxiété, et je me sens mal.

Pourtant, le reste du groupe a bien apprécié mon travail et leurs commentaires étaient très élogieux. Pourquoi est-ce que je me sens aussi mal à l'aise? La réalité, c'est que j'ai choisi librement d'être affecté par ce qui vient de se passer. J'ai choisi de m'arrêter à la seule critique que j'ai reçue plutôt qu'aux bons commentaires. De retour chez moi, je peux donc aussi décider de changer les choses. Et pourquoi je changerais les choses? Parce que la réalité que je viens de créer et le rôle que je viens de me créer moi-même me font mal. Je ne me sens pas bien là-dedans et je souffre.

Il y a, bien sûr, des raisons fondamentales qui font en sorte que j'ai choisi le rôle de victime plutôt que celui du bon collaborateur qui vient de réaliser un excellent travail. Je pourrai, si je le veux, consulter un expert pour en trouver les causes. Dans l'immédiat cependant, il m'appartient de choisir ou non de continuer à percevoir la situation de cette façon.

Je peux alors me dire qu'il est normal de ne pas plaire à tout le monde. D'autre part, il convient de remettre les choses dans une perspective plus raisonnable. Les mots n'ont jamais tué personne même s'ils peuvent faire très mal. Quand je me retrouve seul, je peux, tout à mon aise, revoir la situation et évaluer objectivement si les critiques étaient justifiées. Si ce n'est pas le cas, je les oublie vite et je passe à autre chose. Si elles sont justes, je retravaille mon projet et je prends les choses du bon côté, car la personne qui m'a critiqué vient de me faire avancer d'un pas de géant. Non seulement mon travail sera-t-il encore meilleur, mais la critique m'aura aussi permis de mieux m'évaluer.

Chaque fois que nous sommes devant un problème qui affecte notre humeur, prenons quelques minutes pour examiner s'il n'y a qu'une seule façon de voir les choses. Peut-être qu'en y réfléchissant bien, il y a moyen de faire tourner les événements en notre faveur et de grandir.

Notre ego est très exigeant

Ce n'est pas vrai que nous devons subir tout ce que nous pensons. Quand nous décidons de percevoir quelqu'un ou quelque chose d'une certaine façon, cette décision vient s'inscrire dans une espèce de grande banque de données. L'ensemble de toutes ces décisions forme notre ego, c'est-à-dire notre identité. L'ego, c'est l'image que nous avons de nous-mêmes; ce sont nos peurs, nos désirs, nos émotions et notre vision du monde.

Ce que nous pensons des choses qui se produisent s'inscrit dans notre mémoire. Nous avons donc des références lorsqu'une même situation se reproduit. Cependant, il faut savoir reconnaître qu'en certaines circonstances, nous n'aimons pas notre propre façon de réagir. Nous disons alors «que c'est plus fort que nous». Il est possible de changer notre façon de penser et d'inscrire un «nouveau programme» dans notre psychisme. Difficile? Peut-être. Possible? Sûrement!

> *Tout le monde peut avoir une perception*
> *de soi négative de temps en temps. Si la situation*
> *persiste au point d'influencer l'humeur et le quotidien,*
> *un ménage intérieur s'impose.*

Notre ego évolue tout au long de notre vie à mesure que nous acceptons et décidons les choses. Tout comme pour une mauvaise habitude, il est plus difficile de changer les perceptions les plus anciennes en nous que les nouvelles. Si, par exemple, j'ai toujours pensé que c'est mal d'être homosexuel, j'aurai sûrement de la difficulté à accepter qu'un de mes enfants le soit. Pourtant, j'aime mon enfant profondément, mais je ressens un malaise lorsque j'y pense en fonction de son homosexualité.

Si je veux montrer à mon enfant que je l'aime vraiment, je sais bien dans le fond que je devrai accepter la situation. Je sais aussi que ma façon actuelle de juger les gays est en conflit direct avec mon objectif d'accepter la vie de mon enfant. Pour réussir à atteindre mon but, je devrai «reprogrammer» ma façon de percevoir les gays sur de nouvelles bases et prendre une nouvelle décision à ce sujet.

Le processus pour y arriver peut être long et difficile. En attendant, les choses se mettent à mal aller avec mon enfant et les querelles sont nombreuses. Ma vie entière peut même être bouleversée, car le nombre de mes préoccupations quotidiennes vient d'augmenter considérablement. Plusieurs fois, je me demanderai ce que j'ai bien pu faire pour que mon fils soit gay. La culpabilité et la honte vis-à-vis des autres peuvent venir chambarder mon quotidien.

Pour changer les choses et améliorer ma vie face à mon enfant, je dois d'abord le vouloir. Ensuite, je devrai mieux comprendre ce qui se passe. Je m'informerai davantage sur le sujet et je tenterai de discuter de la question avec lui. Je devrai aussi me souvenir des raisons qui m'ont poussé à adopter une telle position sur l'homosexualité et à quel moment cela est survenu dans ma vie. Est-ce que le comportement d'un seul individu aurait influencé ma décision à un moment donné? Est-ce que j'ai été marqué par des images ou des photographies qui m'ont fait adopter un point de vue aussi radical?

Tout au long de ce processus d'apprentissage, mon ego acceptera lentement la nouvelle décision que je suis en train de prendre face à mon fils et à son homosexualité. Il ne sert à rien de bousculer les choses quand tout va mal. «Ça prendra le temps que ça prendra!» disaient les vieux sages.

Des objectifs réalistes

Nous entendons souvent des gens dire qu'ils aimeraient bien changer de vie, mais ils ne le font jamais. Qu'est-ce qui nous empêche vraiment de passer à l'action? Certains diront que ce sont les enfants, le travail, les parents, les amis; d'autres mentionnent l'insécurité et l'argent. Dans le fond, tous ces prétextes ne se résument-ils pas en un seul mot: la peur?

Quand nous avons un problème, nous connaissons souvent la façon de le régler, mais juste le fait de penser à tout ce qu'une décision peut déclencher comme conséquences nous empêche souvent de nous mettre en action. Quand nous imaginons le futur, nous sommes paniqués et, tout à coup, nous ne nous sentons pas prêts à entreprendre les démarches. Cette peur est souvent légitime: c'est vrai qu'il est très difficile de changer des choses importantes, surtout lorsqu'elles touchent aussi la vie d'autres personnes de notre entourage.

Il est très important d'abord de clarifier le but à atteindre. Demandez-vous ce que vous recherchez vraiment et quels sont les changements que vous souhaitez apporter dans votre vie pour mieux vivre le quotidien. Dans votre réflexion, essayez d'éviter les formules toutes faites comme «Je voudrais être plus heureux» ou «J'aimerais être moins triste». Vous devez tenter de verbaliser ce que vous souhaitez et vous demander s'il y a quelque chose à faire pour vous sortir de cette situation.

Si vous ne savez pas par où commencer, renseignez-vous davantage avant de prendre des décisions importantes. Demandez des avis à des personnes proches, de l'information sur des services offerts dans des associations qui se consacrent au problème qui vous préoccupe. Vous pouvez aussi fouiller dans Internet; vous y trouverez des ressources disponibles et des témoignages de gens qui sont passés par les mêmes difficultés.

Pour régler votre problème, il existe sans doute plusieurs options. Aucune solution n'est probablement disponible instantanément et sans effort. En fait, toutes les solutions que vous envisagerez vous sembleront sans doute difficiles à réaliser et désagréables, du moins en partie. Il s'agira de choisir la plus adéquate.

De préférence, fixez-vous des objectifs à court terme pour ne pas perdre de vue le but poursuivi. Vous serez plus motivé si vous êtes en mesure d'évaluer votre cheminement régulièrement. Si vous cherchez désespérément un emploi sans jamais rien trouver, vous pourriez, par exemple, tenter de réaliser au moins une démarche par jour pour améliorer votre condition. Une journée, vous prenez de l'information sur des cours ou sur une entreprise et une autre journée, vous postez un curriculum vitæ ou vous sollicitez une rencontre.

L'important, c'est de ne pas perdre
de vue l'objectif et d'avancer constamment.

Les enfants aussi dépriment

Avant de clore ce chapitre sur les pistes de solutions psychologiques, j'aimerais attirer votre attention sur la santé mentale chez les jeunes. Si vous-même avez des problèmes actuellement, si vous vivez une période où tout va mal, il se peut que l'enfance que vous avez eue soit à l'origine de plusieurs de vos comportements actuels. Aussi, il faudrait que nous prenions conscience collectivement de l'importance de la santé mentale de nos enfants.

Dans une étude de l'Institut de la statistique du Québec du mois de novembre 2001, on apprend qu'à l'adolescence, les filles souffriraient plus de détresse psychologique que les garçons; entre treize et seize ans, elles auraient davantage d'idées suicidaires. Les chiffres sont fort éloquents et, sur-tout, inquiétants: 8 % des enfants de neuf ans, 7 % des ado-lescents de treize ans et 10 % de jeunes de seize ans ont déjà pensé au suicide. Si nous croyons vivre des moments où tout va mal, nous devrions penser à ces jeunes pour qui la vie n'est pas facile non plus.

Pour réussir à prévenir la détresse psychologique chez les jeunes, il faut améliorer leur estime de soi et le soutien affectif des parents. L'interaction et la qualité de la relation entre les parents et les enfants sont très importantes. L'étude révèle qu'à neuf ans, les garçons ont une moins bonne interaction avec leurs parents que les filles. Certains pour-raient dire que cette situation est attribuable aux nombreux divorces, mais la même étude indique que 70 % des jeunes Québécois âgés de neuf à seize ans vivent avec leurs deux parents biologiques.

Par ailleurs, les problèmes des jeunes se rapportent sou-vent à leur vie à l'école. Deux enfants sur trois au primaire disent avoir subi de la violence à l'école au cours de l'année scolaire. Cette violence se manifeste par des injures, des menaces, des gifles ou des coups de poing. Le taxage est aussi un problème encore très présent: chez les adolescents de treize ans, un enfant sur deux subit cette situation. On a aussi observé que «les jeunes victimes de violence à l'école sont plus souvent ceux qui ont des problèmes de comporte-ment et certains de ces problèmes sont associés à l'estime de soi», conclut l'étude de l'Institut de la statistique du Québec.

Les adolescents n'ont pas la capacité d'un adulte pour reconnaître rapidement une période où tout va mal. Ils ne sont donc pas en mesure de mettre en marche tout un pro-cessus pour se sortir d'une mauvaise passe. Les adultes qui les côtoient, en particulier les parents et les éducateurs, peuvent donc jouer un rôle important pour les aider.

Afin d'améliorer l'estime de soi d'un enfant, il faut être présent auprès de lui de façon chaleureuse et tenter de contrôler les facteurs de stress qui le touchent. Cela veut dire le préparer à l'avance à des changements importants, comme un déménagement ou un changement d'école. Il faut aussi utiliser un langage valorisant, l'encourager à se faire des amis et à régler lui-même ses conflits avec les autres. Le fait de l'aider à atteindre les objectifs qu'il s'est fixés, qu'ils concernent son rendement scolaire ou son sport préféré, lui permettra également de prendre sa vie en main.

Les enseignants pourront, de leur côté, faire un effort particulier pour mieux connaître leurs élèves. Ils pourront, par exemple, leur demander d'écrire une lettre à propos d'eux-mêmes. En reconnaissant à l'avance qui a des problèmes de français ou de mathématiques, l'enseignant pourra trouver des façons d'aider l'étudiant à vivre de petits succès. Au primaire, on peut récompenser l'élève de la semaine ou inscrire en haut d'une porte «les meilleurs enfants du monde passent par ici».

Les personnes qui ont une bonne estime de soi vivent, en général, beaucoup moins de périodes pénibles, car elles se connaissent mieux et elles savent qu'elles ont les ressources pour s'en sortir.

CHAPITRE 5

Des pistes
de solutions physiques

Q uand tout va mal, nous pouvons évidemment tenter de comprendre ce qui ne va pas et, à la limite, de se convaincre soi-même de penser autrement pour en venir à surmonter l'épreuve qui se présente. Cependant, notre corps, lui, a besoin d'être traité aux petits oignons, surtout dans une période où rien ne va.

On a bien assez de vivre avec ce nuage au-dessus de la tête toute la journée, de se sentir anéanti et sans ressources et de fixer le vide à tout moment, il ne faudrait surtout pas négliger sa santé physique! C'est peut-être grâce à elle, finalement, que nous réussirons à prendre le dessus sur nos problèmes.

Chacun de nous possède une horloge biologique. La plupart des gens ont tendance à penser que cette horloge est une simple figure de style pour illustrer des changements de rythme dans nos vies, mais elle existe vraiment. C'est l'hypothalamus, une bande de cellules situées à la base du cerveau, qui règle, notamment, la température du corps (plus basse le matin et plus haute en soirée) et qui intervient pour sécréter des hormones.

Quand les choses vont mal, nous avons souvent tendance à modifier nos habitudes de vie, et c'est normal. Certains se couchent à une heure tardive ou se lèvent plus tard, ils décalent les heures des repas (quand ils réussissent à manger!) et se sentent constamment fatigués. Les travailleurs de nuit et les grands voyageurs connaissent bien ce décalage, qui provoque chez plusieurs de l'irritabilité, de la fatigue, de l'insomnie ou des maux de tête. C'est simplement que l'heure interne est soudain différente de l'heure réelle, avec toutes les conséquences que cela apporte.

Ainsi, pour ne pas se nuire soi-même quand tout va mal, il faut d'abord respecter une bonne hygiène du sommeil. Se coucher lorsque vient le sommeil, ne pas consommer de l'alcool ou des drogues pour s'endormir, éviter les abus de café, de chocolat ou de tabac, tout cela devrait aider à trouver le repos réparateur essentiel au moral, surtout en période de crise.

En cas de déprime ou tout simplement pendant les quelques jours où tout semble noir autour de soi, il faut garder à l'esprit que l'exercice physique et une bonne alimentation sont très importants. Pourtant, ce sont souvent les deux premières choses que nous mettons de côté dans ces moments. Il faut aussi éviter de prendre les bouchées doubles. Si une personne déprimée se lance à corps perdu dans une activité physique, mais qu'elle l'abandonne après quelques jours, il se peut que son estime de soi en soit affectée. Il est d'ailleurs préférable de trouver un ami qui acceptera de s'entraîner avec nous: il nous sera plus facile de respecter notre horaire d'entraînement. Dans les moments creux, cette personne pourra aussi simplement écouter.

Le mouvement, un antidéprime

L'exercice physique, sous toutes ses formes, représente une excellente façon de se sortir des nuages noirs. D'abord, quand nos problèmes sont importants, nous éprouvons de la difficulté à nous concentrer. À tout moment, notre esprit vagabonde entre différentes pensées qui nous font élaborer les pires scénarios comme les pistes de solutions. Or, pour écarter de gros nuages noirs, il faut du temps. Nous voulons bien entendu que cela se fasse le plus rapidement possible mais, voilà, nous devons absorber le choc provoqué par les événements (perte d'emploi, annonce d'une séparation, entre autres), subir la peine, vivre l'instabilité émotive, subir la colère et les autres sentiments, comprendre, accepter et se relever lentement.

De plus, l'exercice permet de maintenir son poids et d'éviter un problème supplémentaire: dans les périodes difficiles, en effet, on a tendance à manger davantage pour compenser et l'embonpoint peut accentuer la faible estime de soi.

*Le programme régulier d'activité physique
permet de garder le cap. Ne tentez pas
de battre des records. Dites-vous simplement
que cela occupe votre esprit, le temps que la tempête
intérieure diminue d'intensité.*

Il existe bien des façons de faire de l'activité physique. Allez-y selon vos goûts. Par exemple, vous aimez jouer aux quilles? Inscrivez-vous à une ligue une fois par semaine. Vous y rencontrerez des gens qui ne vous feront pas penser à vos problèmes le temps que vous jouerez. Que ce soit en faisant du jogging ou en jouant au badminton, essayez de trouver le courage de bouger.

Si vous n'y parvenez pas, vous pouvez toujours faire de l'exercice tout en demeurant chez vous. Plusieurs livres intéressants vous indiqueront différents programmes pour améliorer votre condition physique par des exercices simples. Par exemple, les techniques de stretching sont des exercices d'étirement qui provoquent un sentiment de bien-être. Ils permettent de diminuer la tension musculaire et se pratiquent à tout âge. Il vous suffira de quelques minutes par jour pour compléter une routine bénéfique au corps et à l'esprit.

Les sports plus intensifs comme le jogging, le tennis, le badminton, le hockey sur glace ou le soccer peuvent évidemment apporter de grandes satisfactions, mais il est plus difficile de se motiver à faire de telles activités lorsqu'on éprouve de gros problèmes amoureux, d'argent ou de santé.

Fixez-vous des objectifs réalistes, que vous atteindrez petit à petit: apprenez une nouvelle danse tous les mois, courez un kilomètre de plus chaque semaine, améliorez votre service au tennis ou votre moyenne aux quilles, etc. L'essentiel est de rebâtir votre confiance en soi tout en évitant les pièges qui vous tirent de plus en plus profondément vers la dépression. Quand tout ira mieux, vous verrez: vous conserverez l'activité physique qui vous aura aidé à vous sortir de là.

Le taï chi

Dans la même veine, le taï chi offre des perspectives très intéressantes pour maintenir un état d'esprit stable en période de crise. Il existe plusieurs formes de taï chi, que l'on peut définir, de façon générale, comme des arts chinois du mouvement ou des arts martiaux internes; on dit «internes» en opposition aux arts martiaux «externes» comme le kung-fu ou le karaté, davantage associés au combat.

La pratique du taï chi procure une relaxation certaine et aide à la concentration. Par des gestes lents et gracieux, les amateurs prennent conscience de leur potentiel intérieur. Les mouvements, la respiration et la concentration sont mis à contribution pour enrayer le stress et la morosité. Chacune des méthodes peut procurer beaucoup de bien. Pour lutter contre la déprime, il faut d'abord le désirer soi-même. Adhérer à un groupe, même si cela représente un effort, peut aussi nous aider. En ce sens, le taï chi est un exemple pour rejoindre deux objectifs: le bienfait que procure la pratique de cette discipline sur le plan individuel et la possibilité de faire des rencontres. Mais, encore une fois, se joindre à un groupe n'est pas nécessairement la solution à tout. Il faut d'abord avoir la volonté de changer les choses.

Le yoga

Le yoga est une méthode de développement de l'être humain dans son ensemble. Cette discipline, qui se pratique seul ou en groupe, permet de travailler sur plusieurs plans. Le yoga s'occupe de la santé des gens en faisant appel à leurs propres ressources physiques, psychologiques et mentales. Il vous permettra de prendre de plus en plus conscience de vous-même et vous amènera à vous prendre en main globalement.

Tout comme le taï chi, il existe aussi différentes écoles de yoga et de nombreuses méthodes d'apprentissage. Cependant, elles demandent toutes la supervision d'une personne qualifiée et expérimentée. Le yoga demeure une excellente façon de se recentrer sur soi et il est basé sur l'effort personnel. Dans les moments tristes de notre existence, une telle discipline ne peut que nous aider à nous replacer.

Autres petits trucs simples

Vous remarquerez que, lorsque tout va mal, nous ressentons en même temps une baisse d'énergie. C'est un peu comme si nous consacrions toute notre énergie à réfléchir à des moyens de nous en sortir. Il existe des trucs simples à retenir lorsque nous subissons des périodes de stress intense ou lorsque nous faisons face tout simplement à une panne d'énergie.

Pour bien commencer la journée, il faut prendre un bon petit déjeuner. Cette formule, entendue des milliers de fois et traitée à toutes les sauces, n'en est pas moins tout à fait véridique. Le petit déjeuner est le repas le plus important de la journée, puisqu'il fournit au corps une augmentation du taux de glucose dans le sang. Quand on ne déjeune pas, comme 40 % des Québécois, selon les statistiques*, il n'est pas étonnant de ressentir une baisse d'énergie en fin d'avant-midi. On dit même que sauter le petit déjeuner ralentit le métabolisme de base de notre corps, ce qui, à la longue, peut nous faire engraisser.

_____

* www.canoe.qc.ca/artdevivre/sante

Si vous êtes trop pris par vos problèmes pour prendre le temps de concocter un déjeuner vraiment nutritif, sachez qu'un verre de lait, un muffin, un morceau de fromage et un fruit feront très bien l'affaire, car ils vous fourniront tous les éléments nécessaires. Vous pourriez aussi prendre un jus d'orange, une banane et quelques cuillerées de beurre d'arachide naturel. Si vous n'avez pas faim le matin, pourquoi ne pas boire calmement un verre d'eau avant de déjeuner ou encore faire une petite promenade dans le quartier?

Tout au long de votre longue journée de stress, pensez aussi à boire régulièrement de l'eau. Les spécialistes recommandent de boire de six à huit verres d'eau par jour pour assurer une bonne hydratation. Il faut même en ajouter un pour chaque tasse de café ou pour chaque boisson gazeuse absorbée.

Par ailleurs, peu de gens connaissent les bienfaits de la sieste après le dîner. Certains se sentent même coupables d'aller se reposer en plein après-midi. Au contraire, des recherches indiquent que ce besoin de sommeiller après le repas du midi relève de l'horloge biologique. En Amérique du Sud, au Mexique ou au Japon, la sieste fait partie des mœurs, alors que ce n'est pas le cas ici. Au lieu de lutter contre le sommeil en début d'après-midi, pourquoi ne pas vous installer confortablement sur une chaise et vous laisser aller pendant quelques minutes? Laissez tomber vos bras le long de la chaise, les jambes légèrement écartées; ne pensez à rien d'autre qu'au bien-être que vous éprouvez.

Plusieurs craignent également de s'endormir profondément et de se réveiller trois heures plus tard, retardant ainsi la période de sommeil du soir. On raconte que le peintre Salvador Dali faisait la sieste en tenant une cuillère dans la main; lorsqu'il l'échappait, le bruit le réveillait et il se levait.

Un autre bon moyen pour prendre conscience de toute la tension qui nous habite lorsque nous traversons une période difficile, c'est de mesurer à quel point nos muscles sont tendus. Faites-en l'expérience maintenant: relâchez vos épaules, détendez d'un coup le haut de votre dos, puis vos sourcils! Tendu? Si c'est le cas, prenez l'habitude de faire l'exercice suivant à n'importe lequel moment de la journée. Bien assis, les yeux fermés, tendez volontairement tout votre corps pendant quelques secondes, puis relâchez. Vous sentirez les zones les plus stressées et, du même coup, vous ressentirez une grande sensation de détente.

Et faire l'amour alors!

Il est prouvé par des tests chimiques que le plaisir sexuel favorise la relaxation tout en stimulant les hormones du plaisir, la sérotonine et la dopamine*. Or, lorsque tout va mal dans sa vie, c'est malheureusement là où on effectue les premières coupes! Si les problèmes auxquels vous vous heurtez vous permettent quand même d'avoir une bonne relation avec votre partenaire, utilisez ces instants magiques comme thérapie.

L'activité sexuelle libère des endorphines, des substances qui ressemblent à la morphine et qui provoquent un état de relaxation aidant à trouver le sommeil. L'acte sexuel, quand il est de qualité, nous fait ressentir du plaisir. Nous nous sentons plus légers, ce qui nous permet de voir plus clairement nos problèmes.

---

* www.manage-sante.com/amour

Les caresses elles-mêmes ont un effet apaisant sur le corps. Elles ont le pouvoir de sécuriser, tout en permettant l'évacuation des tensions musculaires et nerveuses. N'a-t-on pas envie de se faire bercer quand un coup dur arrive?

S'il est bon de faire de l'exercice quand tout va mal, sachez que faire l'amour stimule notre cœur, qui peut alors monter jusqu'à 100 pulsations par minute pendant la période d'excitation et jusqu'à 180 au moment de l'orgasme. L'acte amoureux permet aussi de brûler jusqu'à 300 calories, ce qui équivaut à un petit jogging, en plus de faire travailler les abdominaux. Que des avantages... sans compter les heures de plaisir!

La zoothérapie

Un politicien québécois, vétérinaire de métier, a déjà dit qu'il s'entendait mieux avec les animaux qu'avec les humains! Inutile de vous dire que ses électeurs ont peu apprécié ses propos, mais il reste que les animaux peuvent nous apporter beaucoup. Dans des moments difficiles, le contact avec un animal de compagnie apaise tant le maître que l'animal; alors que parler à des gens peut augmenter la tension artérielle, parler à un animal la réduit, ce qui vient confirmer l'opinion de notre vétérinaire.

Avoir un animal nous oblige à demeurer actifs. Un chien, par exemple, a besoin d'être nourri, soigné, peigné et promené. Un propriétaire prêt à y consacrer quelques minutes par jour trouvera sans doute le moyen de s'évader de ses problèmes pendant ce temps, tout en faisant une activité agréable.

Les personnes âgées qui ont la chance de demeurer dans leur maison ou leur appartement et qui sont propriétaires d'un animal connaissent bien les avantages reliés à un tel ami. En fait, des chercheurs de l'Université de la Pennsylvanie ont démontré que les propriétaires d'animaux récupéraient plus facilement d'une maladie que les autres. La guérison d'un accident cardiovasculaire est, par exemple, grandement accélérée si le patient peut «causer» avec son animal favori et le caresser.

Plusieurs expériences de zoothérapie ont été tentées au cours des dernières années. Au Colorado, par exemple, on a fait cadeau d'un chien à un alcoolique. L'animal lui a permis de reprendre goût à la vie; par la suite, il a eu moins de difficulté à se joindre aux groupes de soutien comme les AA. Dans d'autres cas, on a noté que des patients possédant un animal ou vivant près des fleurs avaient mieux réagi à la convalescence et qu'ils avaient repris des forces plus rapidement que ceux qui n'avaient ni animal ni fleurs.

Une autre conclusion intéressante des chercheurs concerne le toucher. Le simple fait de toucher un malade pour prendre son pouls modifie, semble-t-il, son rythme cardiaque. Quand tout va mal et qu'on se sent isolé du reste du monde, la présence d'un animal de compagnie peut nous permettre de passer à travers notre peine. En effet, tout ce qui attire notre attention vers l'extérieur contribue à nous éloigner de nos ennuis et diminue ainsi notre tension artérielle. La contemplation d'un aquarium peut même nous aider en ce sens.

Malheureusement, la plupart des résidences pour personnes âgées ne permettent pas d'avoir des animaux de compagnie. Cela peut être compréhensible aussi pour des raisons d'hygiène, mais il reste que bien des personnes âgées sont obligées de se défaire de leur animal domestique parce qu'elles doivent laisser leur maison; elles souffrent alors d'un stress grave pouvant mener à la dépression. De fait, ces animaux sont acceptés comme des membres de la famille et leur perte provoque une grande peine.

Quand tout va mal, nous avons tendance à penser que ce n'est sûrement pas le moment de nous encombrer d'un animal mais, au fond, peut-être que sa présence pourrait nous aider.

La musicothérapie

Ah! la musique! Elle adoucit les mœurs, dit-on. Elle nous accompagne pour célébrer tous les événements importants de notre vie (anniversaires, mariages, fêtes de famille) jusqu'à notre dernier repos à l'église. La musique est toujours présente dans nos vies. Elle nous stimule le matin, elle nous permet de nous reposer le soir. Elle illustre aussi des traits de notre personnalité, selon ce que nous aimons écouter. Elle permet des rapprochements entre individus et elle est facilement accessible. Elle représente aussi l'âme et l'identité d'un peuple et sa culture. Elle fait voyager et rêver. Pas étonnant que la musique ait un effet réel sur notre humeur! Elle peut même nous aider à traverser des périodes de crise.

La musicothérapie est, en fait, un véritable traitement médical effectué à l'aide des rythmes, des mélodies et des harmonies. On peut s'en servir de deux façons. La première consiste à écouter des pièces de musique, pour ensuite échanger avec d'autres sur les émotions éprouvées lors de l'écoute. Cette façon de faire permet à des gens ayant de la difficulté à parler directement de leurs problèmes de pouvoir s'ouvrir lentement au monde des émotions et de la communication. La deuxième façon, plus active que la précédente, consiste à s'impliquer directement avec son corps, sa voix ou des instruments de musique pour parvenir à mieux extérioriser ses sentiments.

Quand tout va mal, c'est souvent que nous vivons une nouvelle situation qui commande une nouvelle perception des choses; la musicothérapie peut nous aider à nous ouvrir à de nouvelles perspectives. Attention cependant! il ne suffit pas d'écouter notre musique préférée pour tenter de sortir d'une mauvaise passe. Il existe une fédération nationale de musicothérapie et si l'expérience vous tente, assurez-vous de communiquer avec une personne spécialisée dans le domaine pour éviter toute fausse note!

L'aromathérapie

L'aromathérapie consiste à se servir des odeurs des huiles essentielles pour se stimuler. Ces huiles peuvent être des extraits de fleurs, de tiges, de feuilles, de fruits ou de racines de plantes contenant toutes sortes de substances comme des hormones, des vitamines ou des antibiotiques. Ceux et celles qui croient au pouvoir des odeurs affirment qu'elles représentent la force vitale ou «l'âme» de la plante et qu'elles ont le pouvoir de nous stimuler, de nous relaxer ou de nous soulager.

Certains avancent que le fait de respirer des parfums favorise notre équilibre biologique, revitalise les cellules et rend le système nerveux plus énergique. Certaines odeurs réussiraient aussi à provoquer une légère euphorie, permettant ainsi une détente assurée après une journée difficile.

Les odeurs ont été utilisées dans plusieurs produits au cours des dernières années. On peut maintenant trouver sur les tablettes des magasins des bougies, des lampes, des huiles à massage, des lotions, des sels de bain, des gels pour la douche et même des accessoires sexuels comme des condoms aromatisés. Les statistiques indiquent qu'en 1995, les magasins d'aromathérapie américains ont vendu pour 59 millions de dollars de leurs produits. C'est dire à quel point les odeurs ont réussi à charmer les consommateurs!

Aux États-Unis, l'aromathérapie est devenue une industrie bien structurée. Il s'y donne des séminaires et des cours de formation, entre autres, pour devenir «aromathérapeute». Certaines sociétés, comme l'Aromatherapy for Common Ailments, font la promotion de dizaines d'huiles qui aideraient à soulager bien des affections, incluant la dépression, les difficultés sexuelles, la bronchite ou l'hypertension.

Cependant, la Food and Drug Administration (l'organisme gouvernemental chargé de la santé publique aux États-Unis) classifie toujours les parfums et les huiles comme des articles introduits par voie interne ou appliqués sur le corps pour nettoyer, embellir, améliorer ou modifier l'apparence. Elle n'y prête donc encore aucune vertu guérissante à proprement parler. On sait toutefois que les arômes peuvent, à défaut de guérir, avoir un effet bénéfique sur la santé et le bien-être. Elles peuvent décontracter le corps, relaxer l'esprit, purifier l'air et rehausser l'humeur.

Quand tout va mal, il peut être très libérateur
de s'intéresser aux arômes. Le simple fait
que vous aimiez l'odeur d'une huile indique
qu'elle peut vous aider et vous réconforter.

Les médecines alternatives

Souvent critiquées, les médecines alternatives constituent pour plusieurs une façon de se prendre en main et d'intervenir directement sur sa vie sans passer par la médecine traditionnelle. L'un des grands reproches que l'on fait à la médecine traditionnelle est son manque d'humanité. Le patient a souvent l'impression d'être gavé de pilules et de médicaments après avoir attendu des jours, voire des mois, pour voir le médecin. Les histoires d'horreur se déroulant dans le secteur hospitalier sont aussi nombreuses.

Au contraire, les gens qui ont recours aux médecines douces ou parallèles vont souvent témoigner de la grande écoute des thérapeutes et c'est ce qui fait leur force. Plusieurs types de traitements sont offerts et peuvent très certainement apporter un soulagement à de nombreuses personnes. Toutefois, il est toujours de mise de recommander la plus grande prudence face aux remèdes proposés par les techniques alternatives et de consulter son médecin traitant afin de subir tous les examens que requiert sa condition. Ensuite, il sera toujours possible de s'orienter vers un traitement parallèle.

Les techniques sont donc très nombreuses en médecines alternatives. L'ostéopathie, par exemple, traite les douleurs aux articulations et aux muscles. La vertébrothérapie fait appel à la palpation de la colonne vertébrale pour trouver les zones de contraction musculaire. La chiropractie, très populaire en Occident, existe depuis plus de cent ans et s'intéresse à l'ensemble du squelette et de ses articulations. Elle suggère, par exemple, qu'une douleur au pied peut être causée par de nombreuses autres articulations. Par des massages et des mobilisations, le chiropraticien restaure les fonctions vertébrales et articulaires.

Il faut demeurer très vigilant dans le choix
des traitements puisque, quand tout va mal,
on peut devenir très influençable et être prêt
à tout pour se sortir de cette période noire.

Il existe aussi une foule d'autres médecines alternatives, moins connues, qui peuvent procurer du bien-être. La réflexothérapie suppose qu'on peut agir à distance sur certains organes en activant un réflexe au niveau des pieds. Vous avez peut-être déjà vu le dessin d'une plante de pied où chaque petit espace correspond à un organe du corps. En procédant à des massages de ces zones, on arriverait à soulager le patient.

Certains poussent très loin les pouvoirs des médecines alternatives. Connaissez-vous l'instinctothérapie? Il s'agit essentiellement de réveiller les instincts qui nous permettront de nous soulager nous-mêmes. Par exemple, au moment d'un repas, il faudrait humer les différents plats pour que notre instinct reconnaisse les vitamines et les éléments nutritifs dont le corps a besoin. Cette philosophie risque toutefois de conduire à de sérieuses carences si l'on ne fait pas attention à son alimentation. De plus, l'instinct de l'homme n'est plus le même qu'il y a des milliers d'années.

De son côté, la magnétothérapie utilise de petits aimants pour soulager les douleurs chroniques. Elle est très pratiquée en France dans des services spécialisés dans le traitement de la douleur. Il y a même des héliothérapeutes! Ce sont des gens qui croient que le soleil est à l'origine de toute vie sur Terre et qu'il est, par conséquent, capable de soigner toutes les maladies. Heureusement, la grande majorité des gens savent bien maintenant qu'on doit s'exposer modérément à ses rayons pour éviter le dessèchement de la peau et l'apparition de cancers.

Enfin, la médecine zodiacale, qui stipule que la date de naissance d'un individu peut le rendre plus vulnérable à certaines maladies en fonction de l'influence des planètes, ou encore l'auriculothérapie, selon laquelle tous les maux peuvent être traités au niveau de l'oreille, font aussi partie de cette longue liste de médecines alternatives qui peuvent, dans certains cas, fournir un soulagement, mais qui ne sont pas toujours les solutions à tous les problèmes.

L'alimentation

Nous connaissons tous l'importance de l'alimentation dans la vie. Les athlètes, entre autres, y portent une attention particulière tout au long de leur entraînement. Les diététistes arrivent à agencer des programmes afin de venir en aide à ceux et à celles qui souffrent de problèmes physiques importants. Mais l'alimentation peut-elle influencer notre moral et notre humeur?

Absolument! L'alimentation, c'est l'énergie. Mal se nourrir contribue à augmenter la fatigue physique et à réduire la résistance morale. Sur le plan chimique, il faut savoir, par exemple, qu'une carence en vitamine B, en calcium et en magnésium a des effets sur tout le système nerveux. Les substances qui touchent les hormones, comme les pilules contraceptives, peuvent aussi provoquer des troubles de l'humeur.

Si le manque de substances importantes pour le corps provoque une déprime, une fatigue et, à la limite, une dépression, le contraire est aussi vrai. Ainsi, lorsque nous fournissons à notre corps tout ce qui lui faut pour être en mesure de fonctionner, nous pouvons nous attendre à une plus grande solidité morale.

Il existe donc des «aliments de la bonne humeur» comme les céréales, le pain, les pâtes et les légumineuses, qui contiennent des glucides et qui sont source d'énergie durable. Les produits laitiers, riches en vitamine B, en calcium et en acides aminés, sont aussi très recommandés. Les œufs, le soja et les fruits secs sont source d'énergie tout comme le chocolat d'ailleurs qui, pris avec modération, apporte à l'organisme magnésium et calcium.

Les spécialistes en alimentation portent également une attention toute particulière aux vitamines. La fatigue physique ou nerveuse, la perte d'appétit ou la baisse de moral pourraient être causées en partie par un déficit en vitamine B_1. Portant le nom savant de thiamine, la vitamine B_1 est essentielle à l'organisme, mais notre corps est incapable de l'emmagasiner. Aussi, nous devons la puiser tous les jours dans les aliments.

La thiamine permet de transformer en énergie certains nutriments, dont les sucres et les matières grasses. Comme la nourriture d'aujourd'hui contient beaucoup de sucre et de gras, cette vitamine est très importante. Une carence réduit notre résistance au stress, augmente notre fatigue et notre anxiété. Évidemment, la caféine, le thé et l'alcool nuisent à l'efficacité de cette vitamine dans notre organisme; comme nous sommes portés à augmenter la dose de café ou d'alcool quand tout va mal, nous manquons alors de cette vitamine essentielle. Cercle vicieux!

La vitamine B_1 est très présente dans la viande de porc et dans les abats (foie et rognons). On la trouve aussi dans les céréales complètes et dans les légumineuses comme les lentilles, les pois chiches et les haricots. Les noix, les pommes de terre et les petits pois contiennent également de la thiamine.

L'acide folique (ou vitamine B_9) semble aussi jouer un rôle important dans les troubles de l'humeur. Différentes études ont montré une relation claire entre l'état dépressif et le manque d'acide folique. Les spécialistes recommandent de manger beaucoup de légumes verts, de choux, de légumineuses et de pain complet, riches en acide folique, pour retrouver la joie de vivre.

D'une façon très simple,
la bonne alimentation nous aidera
certainement à surmonter une épreuve.

Un fruit à chaque repas, des légumes deux fois par jour, des féculents comme du pain, des pâtes et du riz, des légumes secs, de la viande, du poisson ou des œufs et des produits laitiers, bref, des aliments des quatre groupes à chaque repas vous permettront de passer à travers bien des situations. De plus, quand tout va mal, nous éprouvons de la difficulté à dormir; un verre de lait tiède avant le coucher favorise le sommeil, car il contient une substance (le tryptophane) qui intervient au niveau du cerveau.

Le fonctionnement de notre organisme est extrêmement complexe et il ne suffit malheureusement pas de prendre quelques vitamines pour espérer se sentir parfaitement mieux. Il est certain que les vitamines du complexe B et la vitamine C sont les plus actives pour combattre la fatigue et le stress.

Les minéraux jouent un rôle semblable. Les oligoéléments, qui sont aussi des minéraux, contribuent à équilibrer l'organisme. On attribue d'ailleurs le manque de cuivre, d'argent et de sélénium à la fatigue du matin. Une carence de manganèse, de cobalt ou de cuivre peut causer une fatigue nerveuse, tandis qu'une carence en cuivre, en or et en argent fait du corps un terrain propice à la grippe.

La gelée royale, le pollen, le ginseng ont aussi un effet stimulant reconnu. On peut les utiliser en cure pendant un ou deux mois. Pour en terminer avec ce sujet de l'alimentation, soulignons qu'en période trouble, nous devons faire un effort pour manger de façon équilibrée. Il est normal d'avoir moins d'appétit quand les choses ne tournent pas à notre avantage, mais manger moins ne veut pas dire manger mal. «Nous sommes ce que nous mangeons» dit l'adage.

La médication

Malheureusement, il arrive des moments dans la vie où, malgré tous nos efforts pour remonter la pente, malgré les conseils et les méthodes suivis, nous constatons que la charge est trop lourde. D'ailleurs, le nombre d'Américains traités pour la dépression a triplé entre 1987 et 1997 et ils ont eu recours plus souvent aux médicaments et moins à la psychothérapie.

Une étude publiée en janvier 2002 dans *The Journal of the American Medical Association* (*JAMA*) révèle que le nombre de patients traités pour une dépression et qui ont eu recours à des antidépresseurs est passé de 37,3 % à 74,5 % en dix ans. Par contre, le taux de personnes traitées pour une dépression ayant fait appel à un psychothérapeute est passé de

71 % à 60 % au cours de la même période*. Les médecins estiment que cette tendance à utiliser davantage de médicaments est attribuable en grande partie à l'apparition d'une gamme de nouveaux produits sur le marché.

«Ces nouveaux médicaments tendent à avoir moins d'effets secondaires, sont moins difficiles à prescrire et présentent moins de danger en cas de surdose que la précédente génération d'antidépresseurs», affirme l'auteur, le Dr Mark Olfson. Le spécialiste ajoute aussi que l'industrie pharmaceutique a fait la promotion des nouveaux antidépresseurs par des campagnes de publicité vigoureuses aux États-Unis et que cela a sûrement influencé la hausse de consommation. Enfin, les nouveaux médicaments sont généralement remboursés plus facilement par les assurances médicales que les psychothérapies.

Les Français aussi sont de grands consommateurs d'antidépresseurs. En fait, ils occupent le premier rang en Europe. Les détracteurs mettent la faute sur les médecins généralistes qui prescrivent des médicaments sur la simple demande d'un patient qui a un coup de cafard. Ils notent également que les médecins généralistes sont souvent mal formés pour diagnostiquer efficacement une maladie mentale.

Les antidépresseurs apaisent l'anxiété, mais ils ont peu d'effet sur les causes émotives de la dépression. Ils sont très efficaces sur les symptômes de l'état dépressif, mais les causes profondes n'en sont pas pour autant éliminées. C'est un peu comme prendre un somnifère qui endort sans assurer un bon sommeil réparateur.

Ceux qui sont contre l'utilisation des antidépresseurs pour surmonter la dépression pensent même que cette maladie est

---

* Dépêche de l'Agence France Presse du 9 janvier 2002.

une «chance». En effet, du point de vue du psychanalyste, les symptômes d'un état dépressif ou l'impression de se sentir mal dans sa peau cachent un désir inconscient. C'est la personne elle-même qui est le principal artisan de sa souffrance et le moment de crise est, ni plus ni moins, le signal d'une difficulté quotidienne.

Quand tout va mal, nous devrions, selon la psychanalyse, en profiter pour remettre en cause notre mode de vie, reconsidérer notre histoire personnelle et prendre conscience de nos désirs profonds. Or, l'antidépresseur améliore l'état de la personne en supprimant les symptômes mais, du même coup, il la prive d'un moment douloureux qui peut être très constructif; elle aurait pu faire des prises de conscience fondamentales sur sa vie afin d'apporter des changements majeurs.

Il reste que les antidépresseurs ont fait la preuve de leur efficacité chimique et un bon médecin qui a d'abord pris le temps de vous écouter pourra ensuite vous prescrire un médicament adapté à votre condition, si cela s'avère nécessaire. Dans des cas précis de dévalorisation de soi allant au point de mettre en cause les fonctions vitales ou devant un risque de suicide, il est bien évident que les antidépresseurs seront d'une grande utilité. Freud disait que le premier devoir de tout être humain est d'avoir à supporter la vie!

CHAPITRE 6

D'autres solutions

Quand tout va mal dans sa vie, il faut évidemment prendre le temps de travailler sur soi en réfléchissant et en changeant ses habitudes. Surtout, il faut se laisser suffisamment de temps pour que ses efforts produisent des résultats. On doit aussi prendre conscience de la présence des autres autour de soi. Notre besoin d'être écoutés et compris est très grand et combler cette lacune nous apportera, d'un seul coup, un très grand réconfort.

Dans des moments difficiles, nous sommes portés à nous isoler et à ruminer nos pensées négatives. Nous repassons sans cesse dans notre tête le film de ce qui est à la source de nos problèmes. Les images de la discussion orageuse qui a mené à la séparation, l'annonce d'un congédiement ou le conflit avec un proche reviennent sans cesse, avec tout ce que cela entraîne de sentiments et d'émotions troubles.

Quel que soit votre problème, il existe une solution. Elle ne représentera peut-être pas toujours l'idéal et elle vous obligera sans doute à faire des concessions sur certains points, mais, au moins, elle vous aidera à vous sentir mieux. Avec le temps, vous parviendrez à polir la situation et à l'améliorer. D'ici là, outre les différentes techniques physiques et psychologiques pour se remettre sur la bonne voie, il existe plusieurs aides extérieures pouvant convenir à certaines personnes.

Les motivateurs

Pour être heureux, dit-on, il faut être un peu idéaliste, c'est-à-dire croire que ça va bien aller et qu'on va réussir ce qu'on entreprend même si ce n'est pas tout à fait exact. Vous le savez, il y a des optimistes et des pessimistes, ceux et celles qui voient le verre à moitié plein ou à moitié vide. Les optimistes croient toujours que la malchance est temporaire et qu'elle est attribuable à un concours de circonstances; ceux qui font face à une épreuve quelconque, comme la perte d'un d'emploi, accusent le choc mais, à la différence du pessimiste, ils s'arrangent pour que l'événement ne devienne pas le centre de leur vie pendant des mois, voire des années. Ils seront capables de fonctionner dans le quotidien, de voir des amis et d'avoir des contacts avec les membres de leur famille. Ils continueront à sortir et à rencontrer des gens mais, surtout, ils croiront en leurs moyens et en leurs chances de se trouver un autre travail.

Dans la même situation, les pessimistes verront leur problème de plus en plus gros et douteront d'eux-mêmes. Ils remettront leurs valeurs fondamentales en cause comme le fait d'avoir ou non du talent. Bref, ils laisseront leur déprime prendre le dessus.

Il existe des motivateurs professionnels dont le but est d'aider les gens à réaliser leur potentiel intérieur. Par des discours ou des exercices pratiques, ces motivateurs peuvent nous faire voir la vie et le quotidien sous plus d'un angle. Ils donnent aussi de l'espoir et quand on se nourrit d'espoir, on peut se permettre de se fixer des objectifs plus élevés. L'espoir permet également de traverser des périodes de maladie. D'ailleurs, des études de l'Université du Michigan, menées auprès des étudiants, ont démontré que les pessimistes avaient souffert deux fois plus de rhumes, de maux de gorge et de grippes que les optimistes. De plus, pendant une année scolaire, ils avaient eu recours à un médecin deux fois plus souvent.

À l'Institut de cardiologie de Montréal, on insiste pour dire que les patients optimistes qui ont subi un infarctus ont trois ou quatre fois plus de chances de vivre plus longtemps que les patients pessimistes. Les gens qui restent convaincus que la vie a un sens se rétablissent beaucoup plus rapidement que les autres.

Quand tout va mal et que nous ne voyons
pas la fin du tunnel, il n'y a que l'espoir
qui puisse nous aider à rendre supportables
les situations les plus désespérées.

C'est pourquoi, dans des périodes où tout va mal, nous pouvons assister aux conférences de motivateurs professionnels (ils s'annoncent dans les journaux). L'idée n'est pas de prendre tout ce qui se dira comme seule vérité et de suivre à la lettre tout ce qu'on vous invitera à faire. Il faut plutôt voir cette démarche, je crois, comme un premier pas pour réfléchir à sa condition afin de trouver des pistes de solutions.

D'ailleurs, le principal message de ces motivateurs est: vous êtes capable!

Les conseillers financiers

Tout comme les motivateurs, les conseillers financiers ne régleront pas l'ensemble de vos problèmes, mais ils pourront peut-être vous permettre d'avancer et de sortir de votre état de solitude et de déprime. Ils vous aideront aussi à voir vos problèmes financiers sous un œil moins dramatique.

Il n'est pas rare que tout se mette à aller mal dans notre vie en raison de problèmes financiers. Très peu de personnes, encore aujourd'hui, savent construire un budget et sont capables de le tenir. Le simple principe de ne pas dépenser davantage qu'on a de revenus semble très difficile à mettre en pratique pour certains.

L'endettement est l'un des problèmes majeurs pour une grande majorité de familles. Les cartes de crédit sont devenues très faciles à obtenir et les institutions financières se bousculent pour vous prêter de l'argent. Nous recevons régulièrement par la poste des offres de toutes parts pour des prêts; même dans les petites annonces des journaux, il est facile de trouver un prêteur qui n'impose aucune condition particulière. Alors, quand le banquier dit non, on peut toujours faire affaire ailleurs. La tentation est tellement forte de s'offrir toutes sortes de belles choses et de ne payer que dans un an!

Une fois que l'on est engagé dans la spirale de l'endettement, les problèmes commencent à remonter à la surface. Le loyer payé en retard engendre des relations difficiles avec le propriétaire et ouvre la porte à bien des préoccupations. De même, ne pas avoir assez d'argent pour financer une activité d'un des enfants amène des relations familiales tendues. Bref, l'argent est une source de problème pour bien des gens.

Le conseiller financier vous permettra de voir plus clair dans vos affaires. Il vous mettra noir sur blanc vos revenus et vos obligations et vous indiquera, d'une façon réaliste, quelle marge de manœuvre vous disposez ou, sinon, l'ampleur des dégâts. À partir de ce moment, vous ne vous sentirez plus seul et c'est ce qui importe le plus quand tout se met à aller de travers.

Un bon conseiller financier vous donnera les moyens de reprendre vos affaires en main. Ils vous dira, par exemple, de consolider vos dettes en un seul endroit pour pouvoir répondre à un seul créancier, selon un plan de remboursement réaliste. Vous prendrez ensuite conscience des heures que vous pouvez consacrer à rembourser vos dettes. Une meilleure gestion du temps vous permettra peut-être d'ajouter quelques heures supplémentaires à votre horaire hebdomadaire ou de vous trouver un à-côté pour augmenter quelque peu vos revenus.

Quand on commence à voir une toute petite lueur au bout du tunnel, c'est signe que l'on reprend goût à la lutte. Les problèmes d'argent sont très angoissants et il faut s'en occuper rapidement et sans émotion pour éviter qu'ils prennent toute la place dans notre vie.

Voici une suggestion pour économiser: pendant une semaine, notez bien tout ce que vous dépensez chaque jour. À la fin de la semaine, faites le total et vous verrez vous-même les endroits où vous auriez pu éviter de dépenser.

Refaites l'exercice la semaine suivante pour vérifier les améliorations.

Par ailleurs, il y a des dépenses mensuelles obligatoires, incompressibles, comme le loyer, l'électricité, le téléphone, les taxes et les assurances. Faites-en le total et divisez-les par quatre semaines. Soustrayez le total de vos revenus hebdomadaires. Ce qui reste devra payer la nourriture, les vêtements, les sorties, les loisirs, l'épargne. Il n'en reste plus? Au lieu de vous endetter, trouvez des méthodes pour augmenter vos revenus ou pour réduire vos dépenses.

Essayez de vous convaincre qu'il ne doit y avoir aucune émotion à l'argent. C'est une question de mathématiques, de calcul. Ne vous laissez pas endormir par des dettes ou une situation financière difficile. Prenez le taureau par les cornes et redressez la situation dès maintenant. Vous ne gagnerez jamais à dépenser votre argent d'une manière insouciante. Tôt ou tard, il arrivera une dépense imprévue qui vous ramènera à la réalité.

Outre les conseillers financiers de bureaux reconnus, les centres d'action bénévoles offrent différentes activités pour vous aider à mieux gérer votre budget. Dans la période des impôts, des bénévoles vous aideront à remplir vos déclarations. À certains endroits, on offre aussi des cuisines collectives où des petits groupes apprennent à préparer les repas tout en cherchant à économiser.

Les thérapies

Beaucoup de gens suivent des thérapies pour se sentir mieux dans leur peau ou encore pour régler de vieux comptes avec leur enfance. Quand on a de la difficulté à avancer dans la vie, une démarche bien accompagnée et soutenue par un professionnel peut nous rendre de grands services.

Il existe toutes sortes de thérapies. Certaines sont adaptées à des besoins précis dans le but de surmonter un problème particulier, comme la jalousie, la colère ou la timidité. D'autres traitent plus largement la souffrance issue de l'enfance. D'autres encore donnent des résultats intéressants grâce à une activité agréable; c'est le cas de la thérapie par l'art.

Les «art-thérapeutes» sont des personnes ayant des connaissances en art visuel ainsi qu'une formation en psychologie et en psychopathologie. La méthode est très simple. Le patient expose d'abord ses émotions verbalement, puis il est invité à dessiner ce qu'il ressent. Le thérapeute lui demande ensuite de parler de son dessin en tentant d'analyser les formes, les couleurs et les personnages qui le composent. Après, le patient est appelé à tracer un autre dessin sur l'un des thèmes trouvés (une émotion, un désir, un blocage, etc.). L'exercice permet de s'ouvrir et de parler de ses difficultés.

Quand tout va mal, il devient souvent difficile
de dire ce qu'on ressent par des mots. Ce n'est pas
parce qu'on ne veut pas le faire, mais plutôt parce que
l'émotion est bloquée. La thérapie par l'art permet
d'explorer d'autres formes de communication.

La thérapie par l'art peut aussi se pratiquer en groupe. Certains participants ont admis après sept ou huit séances que cela leur avait permis de rencontrer des personnes éprouvant les mêmes problèmes et de recevoir les impressions des autres sur leurs propres dessins. D'autre part, dessiner n'est pas nécessairement une habileté pour tout le monde. Aussi, l'expérience des pinceaux, de la gouache, du fusain ou des crayons de couleur peut apporter de nouveaux plaisirs.

La thérapie par l'art peut aussi venir en aide à des personnes éprouvant des problèmes très complexes, notamment ceux reliés à l'inceste. Une femme de vingt-huit ans m'a confié que sa thérapeute lui avait demandé de se dessiner elle-même. Elle avait alors fait un dessin rempli de jaguars et de panthères. Quelques mois plus tard, en feuilletant un livre d'images qu'elle regardait petite avec son grand-père, son abuseur, elle y retrouva le contenu de son dessin. L'exercice lui avait permis d'extérioriser plein de choses qu'elle n'aura jamais pu traduire en mots. Il n'est cependant pas nécessaire d'avoir des problèmes si graves pour dessiner ses émotions. Une fois qu'elles se trouvent sur le papier, elles deviennent souvent plus acceptables.

Au Québec, la formation des thérapeutes par l'art se fait depuis 1983. On peut faire appel aux CLSC, aux milieux hospitaliers ou aux groupes communautaires pour savoir si de telles ressources existent dans notre région.

Une autre thérapie nouvelle et très intéressante utilise le théâtre. Cela s'appelle la drama-thérapie et le cours se donne maintenant dans différentes universités. Cette nouvelle approche vise à changer les comportements et les modèles grâce au jeu dramatique. Par exemple, une mère vit un conflit avec sa fille sur toutes sortes de sujets. Les querelles éclatent sans vraiment que quelqu'un les provoque, mais cela lui fait beaucoup de peine. Le ou la drama-thérapeute proposera de travailler une scène possible entre la mère et la fille. La mère jouera son propre rôle alors que la thérapeute jouera le rôle de la fille. Elles placeront les deux personnages dans une situation concrète comme lorsqu'elles font les courses. Les discussions entre les deux personnages feront en sorte qu'on en arrivera à un conflit.

Après l'exercice, la thérapeute et la mère reverront la scène et détermineront ensemble pourquoi les choses ont mal tourné. On étudiera ensuite les différentes options qui s'offrent de manière à trouver une solution concrète au déclenchement d'un conflit. Dans les faits, la mère pourra donc choisir son type de réactions lorsque sa fille lui lancera des paroles désagréables qui, auparavant, provoquaient sa colère.

Autre exemple bien concret, les couples séparés ou divorcés ont souvent de la difficulté à entrer en contact pour régler les situations quotidiennes comme le transport des enfants ou les factures à payer. Même si les deux ex-conjoints sont remplis de bonnes intentions, il arrive souvent qu'une étincelle provoque un incendie majeur. La drama-thérapie peut permettre à un conjoint de prendre conscience de ce qui se passe au moment même où les choses tournent mal. Le thérapeute peut montrer que plusieurs réactions existent en jouant simplement la scène d'une autre façon pour vérifier l'émotion qui s'en dégage.

Certaines troupes de théâtre offrent ce type de service. Les départements de théâtre universitaires pourront également vous renseigner à ce sujet.

Les psychologues du sport

De plus en plus, le sport professionnel et amateur s'intéresse au rôle du mental dans la pratique et dans les performances.

Quand un athlète a des problèmes, on dit souvent que «c'est dans sa tête». Le psychologue du sport aide l'athlète à construire des systèmes d'aide, c'est-à-dire des références mentales pour les moments où tout se met à déraper.

Les athlètes de haut niveau aussi ont leurs problèmes. Souvent, tout fonctionne sur le plan physique et technique, mais les résultats attendus ne sont pas là. À partir d'un certain niveau, le jeune sportif évolue dans un environnement très stressant. En plus de la compétition, il doit aussi investir de nombreuses heures pour l'entraînement, ce qui le prive souvent d'une vie sociale normale pour son âge.

De plus, le sportif de haut niveau doit gagner. Il se sait observé, analysé et jugé. Il est aussi tributaire de plusieurs personnes pour réussir. Il a besoin du soutien de son entraîneur, de sa famille, de ses coéquipiers et des structures sportives de son pays, ce qui le place dans une situation de dépendance. Pour toutes ces raisons, il a besoin de se protéger pour mieux affirmer qui il est vraiment.

Le psychologue du sport lui donne le droit de tout dire. L'athlète peut se permettre de parler de ses frustrations, de la peine qu'il ressent, de la victoire et de la défaite. Le psychologue ne juge pas ses performances ou son comportement; il lui permet d'être véritablement lui-même. Ensemble, ils peuvent ensuite résoudre les problèmes et les conflits qui empêchent le succès.

Un entraîneur de la Ligue nationale de hockey disait régulièrement à son joueur vedette de cesser de penser lorsqu'il vivait une période léthargique au point de vue de ses performances. «Cesse de penser à comment tu dois jouer… Ne fais que jouer et t'amuser!» lui répétait-il. Cette phrase tirée du monde du sport peut certainement s'appliquer à tous les domaines de notre vie. Quand tout va mal, nous pouvons tout simplement faire ce que nous avons à faire le mieux possible au quotidien.

Un analyste du sport disait récemment à la radio que lorsque tout va mal, il est préférable d'en faire moins que d'essayer d'en faire plus. Il donnait comme exemple le cas d'un frappeur de puissance au baseball qui ne réussissait plus à cogner des coups de circuit et qui, chaque fois qu'il se présentait au bâton, tentait de placer la balle de l'autre côté de la clôture. Il aurait été préférable pour ce joueur, selon l'analyste, de s'en tenir à frapper la balle, le temps de reprendre confiance en lui.

Les sorties

Une excellente façon de sortir d'une mauvaise passe est de se changer les idées. Vous aurez les mêmes problèmes après une sortie agréable mais, au moins, vous les aurez oubliés pendant quelques heures par d'autres moyens que la drogue ou l'alcool. Il faut sortir au sens le plus large du mot. Trouvez-vous un copain pour marcher, fixez-vous des objectifs à court terme, soit de vous remettre en forme, de visiter des sentiers inconnus ou de découvrir des forêts dans les alentours.

> *Le plus difficile à faire quand tout va mal, c'est de se motiver à sortir. Nous avons plutôt envie de nous écraser devant la télévision et de ne voir personne. Or, c'est souvent dans l'action et entouré de monde que l'on trouvera des solutions venant de l'intérieur de soi.*

Pendant une période trouble, surtout si vos problèmes sont d'ordre émotif, multipliez les sorties. Allez au cinéma, au restaurant, rencontrez les amis de vos amis pour élargir votre cercle de connaissances afin de remonter la pente. Jouez le jeu et, pendant quelques heures, mettez vos problèmes dans un tiroir de votre cerveau.

Mieux encore, donnez la permission à votre meilleur ami de vous bousculer pour sortir de l'isolement. Si vous en avez les moyens, découvrez de nouveaux restos à la mode, allez dans des endroits où vous n'auriez jamais pensé mettre les pieds auparavant comme des discothèques très *hot* ou des cabarets où l'on présente des spectacles marginaux. Osez, vous y prendrez peut-être goût ou vous découvrirez d'autres côtés de votre personnalité.

Un changement de décor fait donc beaucoup de bien lorsque la charge est trop lourde. Vous pourriez, par exemple, passer une fin de semaine dans une autre région et en profiter pour découvrir la nature. Vos yeux ont besoin d'images nouvelles pour renouveler les idées qui se brassent dans votre cerveau. Ne laissez pas les émotions vous guider trop longtemps. Nourrissez votre imagerie mentale et faites-vous confiance.

Il existe tellement d'activités pour toutes les saisons et à tous les prix qu'il n'en tient qu'à vous de ne pas vous ennuyer ni de ruminer vos pensées négatives. Demandez des brochures touristiques, des guides de pistes cyclables, une liste des théâtres d'été, les détails de la tournée de votre chanteur ou chanteuse préféré, la liste des festivals de votre région ou même les dates des dîners-bénéfice organisés pour les associations de votre quartier. Vous avez le droit de vous promener dans la foule même si vous avez des problèmes sur les bras. Les autres n'ont pas à connaître vos états d'âme si vous n'en avez pas envie. Faites comme si tout allait normalement, le temps que vous côtoyez des étrangers. Vous verrez, un sourire de votre part attirera la sympathie de chacun. Vous trouverez peut-être chez quelqu'un d'autre la force nécessaire pour surmonter votre épreuve.

Le pouvoir des couleurs

Nous vivons entourés de tant de couleurs que nous ne les voyons même plus! Imaginez un seul instant d'ailleurs que tout autour de vous soit soudainement, et pour toujours, en noir et blanc. Certaines périodes de l'automne ne sont-elles pas si tristes justement parce que la nature et le ciel sont gris?

Les couleurs ravissent les yeux et personne ne peut demeurer indifférent au spectacle d'un lever ou d'un coucher de soleil ou encore devant l'immensité d'un champ de fleurs. S'entourer de couleurs, et surtout des bonnes couleurs, peut grandement nous aider à traverser une période difficile. J'entends par bonnes couleurs, celles qui produiront pour chacun des effets bienfaisants.

Si vous faites défiler une série de couleurs devant quelqu'un en lui demandant d'y associer des mots, vous obtiendrez probablement les associations suivantes: blanc pour la pureté ou l'innocence, bleu pour le calme et l'espace ou jaune pour la lumière ou l'or. Toutes les couleurs font jaillir des images dans notre esprit. Il est alors vraisemblable que l'on puisse se servir des couleurs pour provoquer des sensations à l'intérieur de nous-mêmes.

L'industrie de la publicité et de la vente a compris cela depuis longtemps. Les emballages sont pensés et analysés. Leurs couleurs devront capter notre attention et nous indiquer, en un rien de temps, que le produit peut nous plaire. Faites le test vous-même en vous promenant dans les allées d'un supermarché. Remarquez les couleurs qui attirent votre attention rapidement. Êtes-vous plus sensible aux rouges, aux jaunes ou aux bleus? Cela veut dire quelque chose et pourrait travailler à votre profit.

Les spécialistes ont élaboré tout un code d'interprétation des couleurs, et même celles de nos vêtements peuvent révéler nos états d'âme. Par exemple, le bleu foncé sera la couleur de la confiance, de la sécurité et du calme. Les premiers ministres portent souvent du bleu foncé pour les annonces importantes. Le vert pomme permet à une personne d'exprimer le côté doux de sa personnalité et les personnes en jaune soleil ne seront jamais considérées comme agressives.

Ainsi, chaque couleur provoque une réaction même si elle est inconsciente. Plusieurs établissements hospitaliers apportent une attention particulière à la couleur des murs des chambres parce que le processus de guérison des malades varie selon la couleur choisie.

Certaines couleurs nous font du bien et d'autres nous repoussent. En suivant ce raisonnement, nous pouvons changer des comportements et les perceptions que les autres ont de nous juste en faisant attention à ce que nous portons. Que voulez-vous projeter comme image? Comment voulez-vous être? Créatif, sexy, ouvert, naturel, tendre, intéressant, élégant, chaleureux, spirituel, accessible? Tout est possible.

Penser à refaire son look peut devenir une activité très enrichissante et très divertissante pendant une période où tout va mal. Avez-vous envie de jouer un peu? Donnez-vous un style provocant ou très classique en transformant votre garde-robe par des vêtements qui s'apparenteront au style choisi. Moulant, court et rouge sont des adjectifs qui ont toujours leur effet, alors que des couleurs plus sobres vous donneront un air simple et réservé.

Les couleurs peuvent aussi être utilisées en thérapie. Certaines cliniques européennes proposent des bains de couleur pour stimuler nos sept chakras (des sources d'énergie placées à différents endroits de notre corps) et ainsi nous aider à refaire notre énergie. Chacun des chakras serait associé à une couleur précise (violet pour la couronne, indigo pour le front, bleu pour la gorge, vert pour le cœur, jaune pour le plexus solaire, orange pour le ventre et rouge pour les parties génitales).

On peut appliquer une couleur précise
à un endroit particulier pour se sentir mieux.

Pour un mal de cou, il est recommandé de porter un foulard bleu; on peut aussi simplement regarder à travers une vitre bleue pendant un certain temps. Exposer son estomac à une couleur jaune pourrait soulager certains malaises. Le violet stimulerait la concentration et le vert calmerait l'organisme et apporterait l'harmonie en mettant le corps, l'esprit et l'âme à l'unisson.

Le jaune serait particulièrement efficace contre les troubles de l'humeur. On recommande d'allumer une lumière jaune de 100 watts le soir dans sa chambre et d'y rester une quinzaine de minutes à lire ou à se reposer. Que l'on croit ou non à l'influence des couleurs sur notre humeur, il peut être très intéressant de tenter l'expérience. En outre, le changement

QUOI FAIRE QUAND TOUT VA MAL?

que pourrait provoquer l'achat de certains vêtements de couleurs «thérapeutiques» ou bien le fait de repeindre quelques pièces de la maison ne peut être que bénéfique lorsque tout va mal.

Les talismans

Un talisman, c'est un porte-bonheur souvent créé par une personne pour répondre à un besoin précis. Nous ne disons pas ici que les talismans sont la solution à tous les problèmes, mais plutôt qu'il existe quelques moyens moins conventionnels auxquels certaines personnes croient fermement. Dans le fond, ce qui importe, c'est le fait de porter un objet sur soi qui aide à se sentir mieux dans sa peau et à augmenter l'estime de soi et la confiance en soi!

Le talisman peut agir sur l'amour, l'argent, la santé, le travail ou la chance. Il peut nous apporter, semble-t-il, tout ce que nous désirons, à condition que nous fournissions un travail minutieux et beaucoup de concentration. Un talisman ne peut agir que sur un désir à la fois. On dit aussi que, pour que la réussite soit assurée, il est préférable de faire les invocations rattachées au talisman. Il faut, bien sûr, y croire fermement et en garder le secret pour soi.

Parmi les talismans sur le marché, on pourra trouver des carrés sacrés, c'est-à-dire des simples bouts de papier sur lesquels sont inscrits des formules pour obtenir quelque chose de précis ainsi que les symboles représentatifs. Une fois que vous avez eu ce que vous désiriez, vous le brûlez. Parmi les nombreuses formules disponibles, on trouve, par exemple, «Découvrir vos vrais amis», «Pour être aimé par la personne que vous désirez» ou encore «Pour être approuvé par un supérieur»!

Par ailleurs, si vous désirez attirer un nouvel amour, la paix et la tranquillité, transformer la malchance en chance, augmenter la confiance en soi ou changer votre vie, il existe même des assortiments de produits vendus dans un ensemble. Le «forfait» comprend des bougies, des huiles, des cristaux, de l'encens... et un balai de sorcière miniature!

Les talismans sont aussi, souvent, des pendentifs en bois de cervidés sculptés. Ils sont gravés et peuvent être portés sur une lanière de cuir. Les effets promis sont les mêmes que pour les autres talismans.

La fabrication d'un talisman demande beaucoup de temps à ses auteurs et suit un rituel précis relié à l'astrologie. Il faut brûler un parfum qui correspond à votre signe astral, la nuit pour les femmes et le jour pour les hommes. Il faut ensuite réciter une prière pour activer les forces magiques. Encore une fois, si le fait de porter un objet peut vous rendre plus sûr de vous, vous pouvez ressembler à un arbre de Noël si vous le désirez!

La magie

Il serait donc agréable de régler tous nos problèmes par un simple coup de baguette magique! Hélas! c'est impossible. Cependant, il existe des gens qui croient fermement qu'une intervention surnaturelle peut leur venir en aide. Certains sites Internet présentent des méthodes pour réaliser nos vœux ou régler certains de nos problèmes. En voici quelques exemples :

- Si vous sentez que la monotonie s'installe dans votre couple, allumez une bougie rose tous les vendredis soir. Rose pour la tendresse et vendredi pour le jour de Vénus.

- Si vous devez passer une entrevue pour un emploi, glissez la veille, sous votre oreiller, une améthyste (une fine pierre violette) ou un bijou contenant cette pierre. Gardez-la ensuite dans votre poche droite pendant l'entrevue.

- Si vous voulez faire de l'argent, cueillez douze épis de maïs dans un champ, soit un pour chaque mois de l'année. Faites-les sécher tête en bas, puis attachez-les avec un ruban de couleur or. Gardez-les à la vue toute l'année.

Les pierres

Personnellement, j'aurais plus tendance à croire au pouvoir des pierres précieuses qu'à la magie. Les pierres viennent de la nature et elles sont l'âme de la planète. De toutes les périodes de l'histoire, elles ont été associées à la force. Que l'on parle de la pierre philosophale ou de celle sur laquelle l'apôtre Pierre a bâti l'Église, la pierre a toujours été un symbole.

Il existe, selon les croyances, des pierres précieuses jouant un rôle bien précis sur l'humain. L'hématite, par exemple, est une pierre noire qui nous permet de lutter contre le découragement et la négativité. Elle apporte du courage et une aide pour traverser des périodes difficiles. L'hématite permet aussi de prendre du recul face aux événements en plus d'éliminer la fatigue et de procurer un sommeil paisible.

L'ambre, lui, est une résine très légère, dure, de couleur dorée et transparente. On dit qu'il rayonne d'énergie positive et peut redonner moral et joie de vivre. L'ambre absorbe les angoisses et dissipe la mauvaise humeur. Il est recommandé de le porter par-dessus un vêtement parce qu'il ne supporte pas les produits chimiques et les cosmétiques.

Chaque pierre, qui devient aussi un talisman lorsque nous en faisons un collier ou un bracelet, est associée à un signe du zodiaque:

Bélier: rubis;
Taureau: lapis-lazuli;
Gémeaux: topaze;
Cancer: pierre de lune;
Lion: diamant;
Vierge: jaspe;
Balance: émeraude;
Scorpion: grenat;
Sagittaire: turquoise;
Capricorne: onyx;
Verseau: améthyste;
Poissons: aigue-marine.

Ces pierres peuvent être portées au cou ou au doigt et elles dégagent des ondes. Toutefois, certaines d'entre elles peuvent avoir un effet boomerang: si vous traversez une période de colère, elles pourraient prolonger les tensions.

Pour les besoins de notre propos, les pierres qui pourraient nous aider quand tout va mal seraient principalement la topaze, qui débloque les situations tendues et l'angoisse, ou encore l'émeraude, qui représente l'harmonie tout en aidant à traverser une peine d'amour. Avant d'utiliser une pierre, on recommande de la nettoyer puisque plusieurs personnes peuvent l'avoir touchée et contaminée. La pierre doit tremper dans l'eau salée toute la nuit pour être dégagée des vibrations négatives. Il faut ensuite la rincer sous l'eau courante et la faire sécher sur un tissu de coton blanc. Elle peut régulièrement être enterrée pour se recharger en énergie terrestre ou être exposée au soleil pour se charger d'énergie cosmique.

Les rituels

Quand tout va mal, certaines personnes sont prêtes à se rattacher à n'importe quoi pour essayer de se tirer de cette mauvaise période. Il n'est pas rare de voir des gens se faire exploiter émotivement ou financièrement lorsqu'ils sont vulnérables. Il faut donc être sur ses gardes et prendre les différentes solutions proposées avec discernement. Il n'y a rien de mieux que de trouver en soi les solutions à ses propres difficultés.

Aussi, des gens probablement bien intentionnés offrent des solutions miracles pour se tirer de l'embarras. Ils proposent des rituels à faire pour influencer l'environnement. Loin de recommander ce genre de pratique, je veux néanmoins vous faire part de certaines recherches en ce domaine pour que vous sachiez que cela existe.

Pour les sorciers, l'Univers est constitué de vibrations différentes et lorsqu'ils parviennent à harmoniser certaines de ses vibrations, il se produirait des actions permettant d'influencer les événements. Le rituel n'agit que si la confiance et la patience sont présentes. Habituellement, il faut attendre au moins vingt-huit jours pour voir des résultats, mais il arrive qu'ils se produisent dès le lendemain ou six mois plus tard.

Faire un rituel, c'est un peu comme poster une lettre: une fois qu'elle est dans la boîte aux lettres, il faut l'oublier. Pour être assuré de ne pas subir de poursuites judiciaires de tout ordre, ceux et celles qui proposent des rituels pour influencer vos vies prennent bien soin de dire que ce n'est pas une science exacte, que ce n'est pas garanti à 100 % et que les résultats se manifesteront à ceux qui sont dignes de les comprendre.

Alors, voici quelques exemples pour vous «aider» à traverser des périodes où tout va mal:

- Pour renforcer votre courage et votre détermination, vous aurez besoin d'une bougie rouge et d'encens de sang-de-dragon. Allumez la bougie, faites brûler l'encens, fermez les yeux et visualisez la couleur rouge jusqu'à ce qu'elle occupe tout votre esprit. Récitez alors cette incantation: «La lumière rouge baigne mon corps qui devient plus fort. Ma détermination croît à mesure que je suis sous sa loi.»

- Pour avoir davantage confiance en vous, vous aurez besoin d'une bougie blanche, de deux bougies jaunes, d'encens de tilleul, de gingembre en poudre, de muguet en poudre et d'un petit sachet de tissu blanc. Allumez la bougie blanche et placez-la de façon à ne pas la voir.

Allumez les deux bougies jaunes et placez-les de chaque côté de vous. Allumez l'encens. Devant vous, laissez tomber quatre pincées de gingembre et une pincée de poudre de muguet. Posez votre main droite sur ce mélange et répétez trois fois: «Je reprends confiance en moi. Je le veux, j'en suis capable. J'ai tant de forces en moi. Tout est possible.» Recueillez ensuite le mélange et glissez-le dans le sachet de tissu blanc. Conservez le sachet dix-sept nuits sous votre oreiller.

- Enfin, un dernier rituel pour chasser la déprime si vous en avez vraiment le goût... Vous aurez besoin d'encens de myrrhe, d'une bougie violette, d'une tasse (250 ml) d'aiguilles de pin, de six gouttes de vinaigre, de trois feuilles de laurier, d'une tasse (250 ml) de jus de citron et d'un peu d'eau bouillante. Allumez la bougie et l'encens. Dans un bol (ou dans votre chaudron magique!), versez tous les ingrédients en terminant par l'eau. Laissez infuser le mélange pendant dix minutes, puis filtrez-le. Lorsqu'il est tiède, apportez-le dans votre bain et versez-le sur votre corps en répétant de trois à cinq fois: «Cet élixir me purifie et ma dépression s'enfuit. De tous mes soucis je me libère et mon esprit se régénère. Qu'il en soit ainsi.» Visualisez la noirceur de vos soucis qui s'envolent et prenez une bonne douche.

Il est bien évident que ces recettes non signées et prises ici et là dans Internet n'ont pas beaucoup de valeur scientifique. En fait, elles relèvent davantage de la croyance que de la science. Il faut toutefois en retenir les moments de méditation qui y sont associés. Prendre le temps de concocter une recette pour se sentir mieux dans sa peau peut être bénéfique. Ce n'est peut-être pas la magie qui agira sur vous, mais ce temps de réflexion et de détente pourra sûrement vous procurer un certain réconfort.

Les astrologues, les voyants et les médiums

Quand tout va mal dans notre vie, nous avons besoin d'être d'abord rassurés. Si vous perdez votre emploi, vous aurez besoin de reprendre confiance en vous et de vous prouver que vous n'êtes pas un nul. Si votre conjoint vous a laissé pour quelqu'un d'autre, vous aurez besoin de vous sentir désirable à nouveau. Si vous venez de traverser une période difficile avec un de vos enfants, vous aurez besoin qu'il regagne votre confiance.

Les moyens que nous prenons alors pour répondre à tous ces besoins nous incitent souvent à nous tourner vers des solutions rapides et idéales. Nous devons aussi trouver absolument une raison logique à tous nos malheurs. En ce sens, les astrologues, les voyants ou les médiums sont souvent sollicités.

Il est en effet rassurant d'entendre que l'alignement des planètes a fait en sorte que la situation difficile que nous sommes en train de vivre était inévitable ou encore que notre ascendant très fort dans l'un ou l'autre signe nous pousse à réagir ainsi. Une fois que nous le savons, que pouvons-nous faire pour régler le problème?

Il y a évidemment un certain danger à se fier uniquement aux révélations d'un astrologue ou d'une voyante pour se sortir d'une crise. Comme dans bien des domaines, il y a plusieurs charlatans qui ne cherchent qu'à profiter de la situation pénible d'une personne pour s'enrichir. Malheureusement, malgré leur talent de voyance, ils ne voient pas le désarroi de la personne qui les consulte.

Cela peut être réconfortant de se faire dire que les choses vont se replacer prochainement, mais que penser du voyant qui conseille de laisser tomber la personne avec qui l'on vit pendant que l'on est en pleine réflexion sur ce sujet? Les astrologues, les voyants et les médiums sont des personnes qui, habituellement, ont une forte personnalité et de grandes qualités. Elles peuvent donc être en mesure d'influencer grandement les gens qui les consultent, surtout lorsqu'ils vivent une période instable.

Avant de prendre une décision définitive
pour tenter de régler vos problèmes, demandez-vous
si cette décision vient vraiment du fond de vous-même
et si elle est le fruit de votre propre réflexion.

L'autohypnose

Les nouvelles technologies n'ont vraiment plus de limites. On propose maintenant dans Internet un site qui enseigne la relaxation autohypnotique en ligne*. Une voix nous entraîne dans un état de conscience dans lequel nous pouvons changer nos mauvaises habitudes.

Le promoteur du site, qui a donné des séminaires un peu partout dans le monde, affirme que cette méthode existe déjà dans les livres, sur cassettes et sur CD et qu'Internet ne

---

* www.auto-hypnose.com

fait que la rendre plus accessible. Il paraît qu'une séance d'une demi-heure donne les effets d'une bonne sieste et qu'il n'y a aucun danger de se mettre sous hypnose. Un peu comme la méditation, si on passe tout droit on s'endort.

L'autohypnose a déjà aidé bon nombre de gens à arrêter de fumer, à maigrir ou à vaincre le trac. Elle doit être considérée comme un outil et non comme une solution.

Le relooking

Pour ceux et celles qui se sentent mal dans leur peau en raison de leur aspect physique, il existe aussi le relooking: des spécialistes nous aident à refaire notre image personnelle ou professionnelle. Le relooking existe depuis une trentaine d'années aux États-Unis. Il s'adressait d'abord à une certaine élite, hommes et femmes politiques, vedettes, sportifs et gens d'affaires. Cependant, depuis cinq ans, le grand public fait de plus en plus appel à ce savoir-faire.

Concrètement, le conseiller en image vous écoutera et vous proposera des changements pour mettre en valeur vos qualités dans le but de vous donner l'image que vous recherchez. Il analysera le contexte social, familial et professionnel dans lequel vous vivez et vous conseillera un style de vêtements et des couleurs, une coiffure et un maquillage approprié. Il pourra même vous accompagner dans vos achats, travailler votre maintien et former votre comportement, selon la nouvelle image que vous aurez choisie. On se croirait en pleine science-fiction: on peut être reprogrammé au grand complet!

Les écoles qui forment désormais des «*coach*-conseil en image» affirment qu'il s'agit d'une véritable approche psychologique, puisque ces aides deviennent des confidents qui vous révéleront votre personnalité. Les formateurs insistent d'ailleurs pour faire une différence entre le relooking et le déguisement, qui ne s'en tient qu'aux artifices. Le relooking se décrit plutôt comme «la sculpture de l'être». Dans les années à venir, nous irons peut-être chez le «relookeur» comme nous allons chez le coiffeur.

Tricher un peu

Quand tout va mal, nous subissons une tempête d'émotions et de sentiments de toutes sortes que nous n'arrivons pas toujours à mettre en ordre et à contenir. Certaines émotions apparaissent soudainement et disparaissent aussi rapidement, mais d'autres s'incrustent. On parlera alors d'idées fixes ou, à un degré plus profond, d'obsessions.

Il vous est sans doute arrivé d'éprouver un sentiment que vous détestiez comme la jalousie, l'envie ou la colère. Personne n'aime vraiment éprouver la sensation d'être jaloux ou colérique. Nous préférerions certainement traverser les moments où tout va mal sans nous sentir aussi moches, mais c'est plus fort que nous. Par exemple, un homme ressent toujours un malaise lorsque sa femme rentre tard le soir. Il n'en parle pas, mais le sentiment de jalousie l'envahit et il s'invente les pires histoires dans sa tête. On peut aussi penser à cette femme qui s'en veut régulièrement parce qu'elle envie toujours les autres pour ce qu'elles ont et qu'elle n'a pas. Elle se sent mal, l'émotion l'envahit lorsque cela se produit et elle s'en veut de réagir ainsi.

Mais on peut tricher. Voici comment. Le cerveau est une masse nerveuse à notre service, que nous utilisons malheureusement trop peu. Faites-en l'expérience. Quand vous éprouvez un sentiment que vous détestez vraiment ressentir, essayez de vous faire croire pendant trente secondes que vous n'avez pas ce défaut et relâchez vos muscles et vos idées. Pensez plutôt à combien vous êtes libéré de pas être en colère, par exemple. Prenez soudainement du recul face à la situation qui vous harcèle. Pas plus de trente secondes, puis, reprenez votre air renfrogné.

Prenez juste conscience de la différence entre se sentir mal et se sentir bien. Vous verrez que vous souhaiterez le plus souvent possible ne pas éprouver ce sentiment que vous détestez. Vous pouvez d'ailleurs faire la même chose avec votre corps dès maintenant. Pendant que vous lisez, relâchez soudainement votre visage, vos épaules. Soyez attentif à la moindre tension qui vous habite et faites-la disparaître d'un seul coup. Bien sûr, elle reviendra dans quelques minutes, mais à force de prendre conscience de ces moments, tant physiques que psychologiques, vous améliorerez votre condition.

Vous avez le droit d'être en colère, frustré,
jaloux, déçu ou triste et de le montrer à tout le monde.
Sachez cependant que c'est vous seulement qui vivez
ce sentiment profond et que vous pouvez apprendre
à vous en défaire, si vous le voulez.

Changer de vie

Combien d'entre nous n'ont pas rêvé un jour ou l'autre de changer de vie complètement et radicalement? L'idée de tout mettre derrière soi et de refermer la porte pour découvrir de nouvelles choses nous passe par la tête à quelques occasions dans notre vie. Ce n'est pas seulement quand tout va mal qu'une telle pensée nous traverse l'esprit. Il arrive des étapes dans la vie où l'âge nous indique tout simplement que le temps passe et qu'il nous reste peu d'années pour faire tout ce que nous avions pensé réaliser auparavant.

Loin de moi de vous conseiller de tout balancer quand tout va mal dans votre vie, mais on doit admettre que plusieurs personnes le font avec plus ou moins de succès, selon les cas. Ceux et celles qui ont tenté l'expérience de recommencer leur vie à zéro, peu importe leur âge, témoignent de la difficulté de le faire, d'une longue période d'adaptation, mais également d'un fort sentiment de libération.

Que ce soit un homme ou une femme qui quitte la maison pour aller refaire sa vie dans un autre milieu ou dans un autre pays ou que ce soit une famille complète qui décide de faire le tour du monde en voilier en oubliant les obligations quotidiennes pendant un an ou deux, il existe différentes manières de brasser nos cartes de vie. Idéalement, on devrait effectuer un tel changement majeur dans l'harmonie, en discutant de ses projets avec ses proches, non pas pour obtenir leur approbation mais plutôt pour qu'ils comprennent ce que l'on éprouve et recherche. Par la suite, en comprenant nos objectifs et nos besoins, notre entourage pourra même nous aider à nous réaliser.

Les expériences positives de changement de vie radicales sont nombreuses. Certaines familles se sont soudées à la vie et à la mort après avoir quitté la ville pour vivre en campagne dans un milieu où il y a beaucoup d'entraide. Des individus qui ont tout laissé pour aller vivre à l'étranger ont retrouvé la joie de vivre. Par contre, d'autres ont joué et ont perdu. C'est toujours un risque de tout bousculer mais, comme le dit l'adage, on ne fait pas d'omelette sans casser des œufs.

Avant de prendre de telles décisions qui influenceront toute votre vie et celles des personnes qui vous entourent, prenez votre temps et parlez-en aux gens en qui vous avez confiance. Une telle brisure devrait se faire de manière positive et non pour vous sauver de vos problèmes. Vous pouvez tout aussi bien être heureux ou malheureux dans une belle grande ville que tout seul, assis sur une roche.

CHAPITRE 7

Choisir sa façon de vivre

Il n'existe malheureusement pas de recette miracle pour mieux vivre sa vie. Bien des modèles nous sont proposés dans toutes les civilisations et toutes les cultures, mais nous nous rendons compte bien vite que notre vie est unique. Nous pouvons évoluer dans un environnement qui nous rendra la vie plus ou moins facile, mais la partie se joue avant tout à l'intérieur de nous-mêmes.

Notre vie intérieure est constituée d'un nombre infini de connexions, ce qui la rend extrêmement complexe. Chaque petit événement se produisant dans notre environnement suscite une réaction. Pour chaque action dans la vie, il y a une réaction. À chaque instant de notre vie, que nous soyons tranquilles à la maison et que le téléphone sonne ou que nous soyons au travail avec plusieurs personnes, tout peut nous amener à réagir. C'est justement la façon dont nous réagissons aux événements qui forme finalement notre personnalité et sculpte le genre de vie que nous désirons mener.

Personne ne peut affirmer détenir LA vérité, mais je partage l'idée que nous sommes responsables de notre propre vie. Nous pouvons la façonner à notre manière même dans les épreuves les plus terribles.

Certains vont dire que nous ne choisissons pas d'être pauvres, sans emploi ou victimes d'injustice, et c'est vrai. Par contre, ce qui est en notre pouvoir, c'est de choisir la façon de réagir à ces malheurs. Contrairement à ce que l'on pourrait penser, il existe plusieurs manières d'envisager la suite des événements. Par exemple, n'est-ce pas terrible d'apprendre que son enfant de dix-huit mois souffre d'une forme d'autisme? Quel désarroi pour les parents! Ils avaient vu, bien sûr, que leur enfant semblait enfermé dans son monde et qu'il avait de la difficulté à se stimuler dans l'apprentissage, mais quand le verdict tombe, la réalité frappe de plein fouet.

Comment réagiriez-vous à une telle annonce? Eh bien, devant cette terrible épreuve, il y a des gens qui ne peuvent continuer à vivre et d'autres qui en sortent grandis. La palette de couleurs est très large. Au cours des dernières années, certains parents ont mis fin à la vie de leur enfant handicapé, ne pouvant en supporter davantage. D'autres se sont intéressés à la maladie, ont mis sur pied des fondations, ont traversé le pays à vélo pour amasser des fonds. Certains ont même tenté, avec succès, des approches avec leur enfant en se disant que si lui ne pouvait venir dans leur monde, ils iraient dans le sien.

Si des gens ont pu réagir ainsi devant un tel malheur, on peut bien croire un instant qu'il est possible d'envisager une plus petite épreuve de différentes manières. Éprouver de la difficulté avec son patron, manquer de communication avec son enfant, vivre une période plus difficile avec son conjoint ou manquer d'argent, tout cela peut s'affronter autrement que par des actes de colère, de frustration ou de découragement total.

Nous pouvons nous entraîner à penser différemment. Faites-en l'expérience avec des amis ou avec votre conjoint. Engagez une discussion sur le cas réel d'un camarade ou d'un collègue de bureau qui éprouve un problème quelconque (séparation, divorce, pension alimentaire, enfant drogué, alcoolisme ou autre). Exposez le problème et voyez la réaction et le jugement immédiat de vos amis ou de votre conjoint. Puis, volontairement, suggérez une autre solution, une autre façon de voir le problème. Vous verrez qu'il est très difficile pour certaines personnes de faire preuve d'ouverture d'esprit et d'admettre que le gris existe autant que le noir et le blanc.

Peu importent les problèmes et les épreuves
que nous devons traverser, les solutions
se trouvent toujours en nous. Il faut trouver
le chemin qui nous mènera à elles.

Le bonheur et le plaisir

Nous sommes tous en quête du bonheur, mais nous n'arrivons même pas à un consensus pour le définir. Demandez à plusieurs personnes leurs définitions du bonheur et vous aurez sans doute des réponses variées. Pour les uns, le bonheur, c'est de réussir sa vie professionnelle et de ne manquer de rien du point de vue matériel; pour d'autres, c'est d'être bien entouré; pour d'autres encore, c'est la liberté. Qui dit vrai?

L'image du bonheur varie donc d'un individu à l'autre, mais si nous nous en tenons à l'idée que le bonheur n'est qu'une seule chose, il est possible que nous ayons toujours l'impression d'être malheureux tant que nous ne l'atteindrons pas. En ce sens, la barre est parfois très haute et la recherche du bonheur devient une course sans fin.

À l'heure actuelle, dans nos sociétés occidentales, une grande partie de la population semble croire que le bonheur est constitué de plusieurs petits moments. C'est une des définitions les plus souvent entendues. Pour plusieurs, le bonheur s'apprend en voyant «plus petit» (*small is beautiful*) et en étant sensible à ce qui se passe au quotidien. Une journée ensoleillée, la saveur d'un bon café ou le rire des enfants peuvent procurer cette sensation de bonheur tant recherchée. Je relisais un article paru en 1998 dans lequel on donnait un extrait de la biographie du grand auteur québécois Félix Leclerc. Quand sa mère servait de grandes louches de soupe à toute sa marmaille, il lui arrivait d'interrompre le brouhaha en posant doucement son index sur sa lèvre et en disant: «Chut! les enfants, écoutez, il y a le bonheur qui passe...»

D'autres estiment aussi que le bonheur se présente en miettes et qu'il survient à des moments inattendus. Ce n'est pas parce que ce sont des miettes qu'il faut éviter de les ramasser! Pourtant, c'est un peu ce que font les personnes obnubilées par leurs malheurs. Les thérapeutes tentent de leur faire prendre conscience des émotions et des pensées qui les empêchent de jouir du moment présent; ils les incitent à ne pas se laisser envahir totalement par leurs problèmes et à s'offrir des petits plaisirs personnels.

C'est là qu'interviennent les notions de bonheur et de plaisir qu'il ne faut pas confondre. Le bonheur pourrait aussi être un état. Si je me sens bien dans ma peau, que je ne suis pas malade, que j'ai la tête libre de soucis, de problèmes et que je ne sens pas de charges immenses sur mes épaules, alors je suis heureux. Quand je marche et que j'ai le cœur léger, je suis heureux. Le bonheur est donc un état, pas le plaisir que je peux éprouver. Mais l'un n'empêche pas l'autre.

Le fait de gagner une somme d'argent, de s'acheter une nouvelle voiture, de partir en voyage ou de se trouver un nouvel emploi peut procurer un grand plaisir, mais cela n'a rien à voir avec le bonheur. Nous pouvons tout aussi bien nous acheter une nouvelle automobile et être en instance de divorce. Malgré cet achat, pouvons-nous alors nous sentir heureux?

Nous confondons souvent le bonheur et le plaisir. Nous devons donc savoir, pour chacun de nous, ce qui nous rendra profondément heureux. Dans quel environnement devons-nous évoluer pour nous sentir bien, légers et sans souci? Il n'y a pas de réponses toutes faites à cette question; chacun doit trouver *sa* réponse. Pour les uns, se sentir bien passe par la famille; malgré tous les problèmes qui peuvent survenir, la cellule familiale apportera la sécurité et la stabilité recherchées. Pour d'autres, la tranquillité, la nature ou le bénévolat apporteront la même satisfaction.

À partir de cet état de bonheur, nous chercherons ensuite le plaisir en améliorant notre condition de vie, en aidant nos proches ou en vivant des expériences enrichissantes. Nous devons donc nous interroger d'abord sur la profondeur de qui nous sommes. Trop souvent, nous disons que nous sommes malheureux parce que nous ne parvenons pas à nous procurer tout ce que nous voulons. Serait-il plus juste de dire que nous manquons de plaisirs pour agrémenter notre vie?

Il est plus facile de travailler fort pour obtenir un moment de plaisir que de croire que c'est ce plaisir qui nous rendra parfaitement heureux. Dans ce dernier cas, la déception est encore plus grande de constater que, malgré la belle voiture, le gros salaire et la maison confortable, nous ne sommes pas encore heureux. C'est une course dans la mauvaise direction.

Enfin, il se fait plusieurs recherches sur la notion de bonheur. Certains chercheurs posent l'hypothèse que l'aptitude au bonheur est génétique, ce qui voudrait dire que certaines personnes viendraient au monde avec une prédisposition à être heureux. Il y a bien des gènes pour l'intelligence, la violence ou l'alcoolisme, alors pourquoi pas pour le bonheur? Pour avancer une telle hypothèse, des études comparatives ont été effectuées sur des jumeaux identiques ayant été élevés séparément. Ainsi, lorsque des similitudes se produisent alors qu'ils ont vécu dans des environnements différents, le chercheur tend à conclure qu'il s'agit de génétique. Toutefois, les expériences actuelles ne sont pas assez poussées pour conclure hors de tout doute que le bonheur vient de nos gènes.

L'argent et le bonheur

Si l'on exclut les troubles de santé, la grande majorité des problèmes quotidiens sont familiaux, financiers ou professionnels. «L'argent ne fait pas le bonheur», est une affirmation vraie mais bien souvent contestée. Il est, en effet, très difficile de soutenir que le fait de gagner des millions à la loterie ne contribuera pas à notre bonheur.

Deux professeurs de l'Université Warwick en Angleterre, Andrew Oswald et John Gardner, viennent de publier le résultat d'une vaste étude sur le sujet. Ils ont suivi neuf mille personnes pendant dix ans en mesurant leur état de santé mentale, leur sentiment de bien-être et leur niveau de stress. Ils ont réévalué ces personnes à chaque rentrée d'argent imprévue, cherchant ainsi à réaliser une mesure scientifique de l'effet de l'argent sur le bonheur.

Ils ont constaté qu'il y a un lien clair entre un gain inespéré et le sentiment de contentement chez une personne. Il faut bien admettre que nous connaissons peu de gens qui seraient fâchés d'obtenir une somme d'argent inattendue. Toutefois, les chercheurs ont également conclu que si une petite somme d'argent (supposons 1 000 dollars) pouvait rendre plus heureux momentanément, l'humain avait besoin de grosses sommes pour que les répercussions sur le bonheur soient appréciables.

Selon leurs projections, pour devenir totalement heureux, il faudrait qu'une personne pauvre gagne plus de 2,3 millions de dollars pour passer dans la petite proportion de gens très heureux. Ainsi, il semble que l'argent peut contribuer à notre bonheur, à condition que nous soyons certains de ne jamais en manquer.

Cependant, ces deux professeurs ont aussi constaté que peu importe l'argent, les gens dans la soixantaine se disaient beaucoup plus heureux que ceux dans la trentaine. Il y aurait donc autre chose que l'argent pour rendre heureux.

Au Québec, un professeur de l'Université de Sherbrooke, Nicole Chiasson, a fait part du résultat de ses travaux sur le bonheur à un quotidien montréalais en janvier 2002. Dans une étude menée au Canada, aux États-Unis, au Salvador et au Costa Rica, elle constate que l'argent arrive à l'avant-dernier rang dans l'échelle des sources de bonheur. Dans bien des cas, les relations personnelles et familiales viennent au premier rang. Les Québécois francophones, eux, se distingueraient par leur soif de liberté personnelle.

Le bonheur est un état.
L'argent procure des plaisirs.

Apprendre à être positif

Il y aura toujours des gens foncièrement positifs et optimistes, et d'autres plus pessimistes. C'est l'histoire du verre à moitié plein ou à moitié vide. Si nous sommes dans la catégorie des «à moitié vide», nous devons d'abord nous demander si cela nous plaît de penser ainsi. Si la réponse est oui et que l'on en assume totalement les conséquences, il n'y a pas de problème. Si, par contre, cela nous ennuie de toujours nous inquiéter pour tout et rien, et si notre façon de voir affecte nos relations avec l'entourage, nous devons alors nous poser des questions.

Pour plusieurs, le fait de penser positivement correspond à se jouer la comédie et à refuser de voir la réalité des choses. Pour les gens pessimistes, le monde est méchant et cruel, la confiance est difficile à accorder et la possibilité de se faire rouler est constante. Qui plus est, lorsqu'ils se font avoir, ils vous répéteront qu'ils le savaient bien, et cela renforce leur conviction que tout va de travers.

Toutefois, il ne s'agit pas de se convaincre de penser de façon positive en se frappant la tête contre les murs! On n'arrive à rien de bon à se traiter ainsi! Il faut du temps pour apprendre à penser positivement. Le premier pas consiste à comprendre pourquoi c'est important de le faire.

Un motivateur professionnel racontait que dans le monde du baseball, un joueur dont la moyenne au bâton est de 250, c'est-à-dire qui frappe un bon coup sur quatre, est considéré comme un joueur moyen. Celui qui atteint une moyenne de 300 (environ trois bons coups sur dix) est considéré comme une grande vedette. Il obtient de gros contrats, la gloire et beaucoup de publicité. Autrement dit, la différence entre les grands joueurs et les joueurs ordinaires est d'environ un bon coup sur vingt. C'est dire que, dans la vie, si nous apprenons à exploiter un peu plus notre potentiel, nous pouvons obtenir, nous aussi, une bonne moyenne au bâton!

Les personnes qui ont de la difficulté à voir les choses positivement croient souvent qu'elles sont limitées et manquent de confiance en elles. Or, les limites qu'elles s'imposent ne sont que des croyances et la réalité peut être changée. Cela passe par l'estime de soi et chaque petit geste quotidien peut aider à la faire croître. Voir les choses positivement, c'est aussi avoir confiance en soi pour agir sans toujours craindre les conséquences d'un échec ou le jugement des autres.

Je crois au pouvoir des mots. Le mot juste dans une conversation permet de mieux faire comprendre ses sentiments et d'éviter des conflits. Bien des fois, nous devons dire à quelqu'un que nous venons de blesser que «ce n'était pas ce que nous voulions dire». Dans une conversation entre conjoints, il arrive souvent que l'autre interprète nos paroles différemment, compliquant ainsi la situation. Aussi, nous pouvons remplacer certaines phrases dans notre quotidien pour augmenter notre confiance et notre estime de soi. Par exemple, après avoir obtenu un poste convoité, au lieu de nous demander si nous serons à la hauteur de la tâche, nous pouvons plutôt affirmer que nous sommes contents d'avoir réussi, tout en savourant ce moment.

Devant un compliment, plusieurs personnes préfèrent faire preuve de fausse modestie en disant qu'elles n'ont aucun mérite. Dites plutôt «Merci beaucoup» et acceptez les fleurs. Si vous devez admettre un échec, ne dites plus que vous êtes nul. Apprenez plutôt à dire que vous n'avez pas réussi cette fois-là et tirez-en des enseignements pour la prochaine fois.

En réponse à une critique, ne laissez pas les autres vous démolir personnellement. Ce qu'on peut critiquer, ce sont vos actes et non pas votre personne. Si vous n'avez pas effectué une tâche convenablement pour toutes sortes de raisons, il se peut que l'on soit en droit de critiquer. Cependant, il est trop facile, une fois la critique engagée, de profiter de l'occasion pour faire le bilan de toute votre personnalité. Alors, au lieu d'approuver une critique tête baissée, demandez plutôt des précisions concernant vos actes et non pas votre personne.

La même logique s'applique d'ailleurs lorsque vous avez à adresser des critiques à quelqu'un. Il y a une différence entre dire à un adolescent ou à un conjoint «Tu n'aides jamais aux travaux ménagers parce que tu es un paresseux et que tu t'en fous!» et «Quand tu refuses d'aider aux travaux ménagers, je me sens surchargé et j'ai l'impression d'être seul pour tout faire». Vous verrez que vous obtiendrez des résultats très différents et vous éviterez ainsi de vous attaquer à la personne en vous en tenant à ses actes.

*Pour arriver à voir les choses positivement,
pensons aussi à ce qui pourrait arriver
dans le cas d'un échec. Habituellement,
nous constaterons que nous nous énervons
inutilement et que les conséquences ne sont pas
aussi graves que nous les imaginions.*

Vouloir vivre en harmonie

Depuis les années soixante en Occident, les choses ont changé. Il y a de moins en moins de mouvements sociaux qui font en sorte que tout le monde fait la même chose sans trop se poser de questions. Auparavant, on se mariait, on travaillait, on achetait une maison, on avait des enfants, on allait à l'église, on prenait sa retraite et on mourait. C'est encore vrai, me direz-vous, mais, dans ce modèle, bien des personnes ne sentaient pas le besoin de se poser des questions sur le sens de leur vie. Tout semblait facile et régler d'avance.

Dans le monde d'aujourd'hui, que l'on soit pour ou contre, beaucoup d'automatismes comportementaux ont fait place à des décisions personnelles. Que l'on parle de recherche d'emploi, de vie de couple, de vie de famille, d'éducation ou de santé, il y a une place de plus en plus importante pour l'individu, qui peut maintenant choisir sa façon de faire. Le bon côté, c'est que nous sommes plus responsables de nous-mêmes. Le mauvais côté, c'est que ceux et celles qui sont habitués de vivre en suivant un modèle n'en ont plus et cela devient difficile pour eux de continuer.

Les grands repères collectifs sont en voie d'extinction et tout se passe comme si la société retournait à chacun d'entre nous le pouvoir et le devoir d'organiser sa propre vie. Ce n'est pas pour rien non plus qu'en tant que société, nous éprouvons tant de difficultés à nous occuper des plus démunis financièrement et psychologiquement. Nous en avons déjà suffisamment sur les bras pour survivre nous-mêmes et pour trouver nos propres modèles de réussite.

Nous devons donc apprendre à vivre notre vie individuelle tout en inventant au fur et à mesure une vie collective. La recherche de l'harmonie devient essentielle pour éviter les crises majeures, tant individuelles que planétaires. Mieux vivre commence par soi-même, à la condition d'accepter de s'interroger sur le sujet. Prenons le temps d'évaluer où nous en sommes. Voyons si notre façon de vivre représente ce que nous souhaitons et tentons de rétablir nos priorités.

Pour ce faire, il existe des petits trucs que chacun peut décider d'utiliser dans le quotidien pour garder un certain contrôle sur sa vie. Cela est particulièrement vrai lorsque tout va mal, alors que l'on ressent davantage le besoin de se recentrer. Voici quelques suggestions:

- Apprenez à dire non afin de choisir ce qui est vraiment important pour vous au moment où vous le désirez. C'est difficile d'y arriver, mais commencez par de petites choses, comme refuser d'assister à une réunion inutile;

- Fermez tout, l'espace d'un instant: éteignez la télévision, débranchez le téléphone, coupez le cellulaire et le téléavertisseur pendant une période que vous choisirez. Pourquoi pas pendant un repas?;

- Décrochez de temps à autre en faisant un effort pour faire quelque chose de totalement différent de vos activités quotidiennes. Obligez-vous à casser votre routine et à découvrir d'autres champs d'intérêt;

- Dressez une liste quotidienne des choses que vous avez à faire. Cela vous permettra de moins vous éparpiller et d'avoir un meilleur contrôle sur les événements.

Vivre en harmonie veut dire vivre en équilibre et pour trouver cet équilibre, nous devons d'abord faire l'inventaire des choses qui sont importantes pour nous. Ensuite, nous pourrons évaluer les énergies que nous plaçons dans ces différents champs d'intérêt et rajuster les priorités si l'équilibre est rompu. Si la famille est importante pour moi et que je passe la grande partie de mes journées et de mes week-ends au bureau, il n'est pas surprenant que la vie soit difficile à la maison. Je devrai alors revoir mes priorités ou réagir.

Les bons amis

L'amitié est une valeur sûre. Tout le monde souhaite avoir de bons amis et on dit souvent qu'ils se comptent sur les doigts de la main. Pour un ami, on peut se lever à trois heures du matin afin de lui remonter le moral ou traverser le pays pour le sortir d'une impasse. Quand tout va mal dans notre propre vie, il est donc toujours souhaitable d'avoir un ami dans les parages. Les plus récents sondages réalisés en France indiquent d'ailleurs que pour 60 % des répondants, l'amitié est d'abord une question d'entraide.

On dit que les vrais amis nous connaissent mieux que nous-mêmes. André Malraux affirmait que «l'amitié, ce n'est pas d'être avec ses amis quand ils ont raison, c'est d'être avec eux même quand ils ont tort». C'est pourquoi il est important de prendre en considération les conseils des personnes en qui l'on a confiance. Lorsque tout va mal et que l'on accepte de se livrer à un proche, il arrive que l'on ne soit plus en mesure temporairement de voir clair dans les décisions que l'on doit prendre. Aussi, pour ne pas précipiter les choses, il est parfois préférable de prendre un peu de recul et de suivre les conseils d'un ami.

Établir une belle relation d'amitié est un travail de longue haleine et de confiance. Savoir s'entourer des bonnes personnes aide à traverser les pires épreuves de la vie.

Éviter le trouble

Il y a des gens, et vous en connaissez sûrement, qui semblent attirer les conflits. Aussitôt qu'ils doivent prendre part à une activité avec d'autres personnes, ils trouvent toujours le moyen de compliquer les choses ou de trouver les failles dans le système proposé. Ils vont, par exemple, penser immédiatement à ce qui pourrait ne pas fonctionner, alors que le projet est encore à l'étape des discussions préliminaires.

Toutes sortes de raisons peuvent expliquer un tel comportement, à commencer par le manque de confiance en soi ou la peur de l'échec. Nous sommes tous à la recherche du bonheur et le chemin est plus difficile pour les uns que pour les autres. Pour faciliter le quotidien, nous pouvons cependant tenter certaines choses.

L'impression que tout va mal et que l'on est nul entraîne souvent un isolement. Les gens les plus heureux sont généralement ceux qui s'occupent, qui s'impliquent dans leurs activités pour en être absorbés totalement pendant quelques heures. Pour sortir d'une situation de crise personnelle, il est également très positif de se donner comme objectif de produire quelque chose à court terme, même si cela paraît minime.

Pour éviter de tomber dans une déprime et pour sortir d'un état de «fixation du vide», on conseille de se concentrer sur la satisfaction présente de ses besoins. Essayez de demeurer «présent» en prenant conscience de toutes les sensations que vous éprouvez, comme l'effet du vent sur votre peau lors d'une promenade ou votre émerveillement devant la beauté de la musique que vous écoutez. Traitez-vous comme un ami. Tentez lentement de percevoir le bon côté des choses même si vous n'y croyez pas au fond de vous-même.

Se reprogrammer

Il y a des choses dans la vie que l'on ne peut pas changer, comme être de petite taille. Même avec des exercices, des excès de colère ou beaucoup de larmes, il est impossible de changer la situation. Nous devons donc prendre du temps pour faire son deuil de la taille souhaitée, ensuite l'accepter, et comprendre que cela fait partie de sa vie. Certains acteurs vont même jusqu'à en faire un atout de plus dans leur personnalité en utilisant leur petite taille comme un sujet humoristique ou une marque de commerce.

Cependant, pour bien des choses, il est possible de changer. Cela demande du temps et de la volonté. Il faut d'abord vouloir modifier son comportement. Pourquoi le faire? Pour soi d'abord, parce que lorsque l'on subit les conséquences de son propre comportement, on devient malheureux.

Si je perds mon contrôle chaque fois que mon conjoint oublie de téléphoner pour signaler un retard, il se peut que mon propre comportement m'agace. J'aimerais mieux réagir autrement. Je décide donc de tenter de changer mon comportement et ma réaction parce que je n'aime pas ressentir cette sensation de perte de contrôle. Pour ce faire, je dois reconnaître que je perds le contrôle, puis, la prochaine fois, prendre conscience du moment où cela se produit. Par exemple, en regardant l'heure et en constatant que le conjoint n'a pas encore appelé, je peux sentir que je suis en train de retomber.

C'est exactement comme lorsque l'on vient tout juste d'arrêter de fumer. Les envies réelles de fumer sont très présentes et régulières. Je sais que j'ai une envie folle de fumer et, parfois, je peux succomber. Qu'est-ce qui arrive alors? Je ne suis pas très fier de moi et je regrette d'avoir fumé. Je dois alors recommencer mon effort. À la prochaine tentation, je succomberai peut-être encore mais si mon désir d'arrêter de fumer est fort, je pourrai éventuellement mieux surmonter les envies jusqu'à ce qu'elles disparaissent.

Il ne faut pas s'attendre à modifier un comportement à la première tentative. Si j'éprouve de la jalousie et que je sais très bien que je n'ai aucune raison de ressentir cela, je peux décider de changer mon comportement avant d'en souffrir et de perdre éventuellement mon partenaire. Je dois reconnaître les moments où cela se produit, être de plus en plus conscient de ce que je suis en train de vivre, détester cette sensation de ne pas contrôler mes pensées et persévérer. Il se peut que j'aie besoin d'une aide extérieure pour y arriver.

Pour changer, nous avons aussi besoin d'un sentiment qui s'appelle l'espoir. Pour faire naître ce sentiment, nous devons nous entraîner à visualiser un résultat dans l'avenir immédiat. Mieux vivre et se sentir bien dans sa peau n'est pas naturel pour tout le monde! C'est une question d'entraînement, et comme pour un entraînement physique, il faut d'abord être convaincu des raisons qui nous poussent à y mettre de l'effort et ensuite nous fixer des objectifs.

L'éducation que nous avons reçue
et l'environnement dans lequel nous avons évolué
depuis notre enfance nous ont construits
tels que nous sommes aujourd'hui. Mais ce que
nous avons appris, nous pouvons le désapprendre.

Prenons des choses simples, comme taper à deux doigts sur un clavier d'ordinateur ou encore jouer du piano selon sa méthode personnelle. Tout le monde sait bien qu'une personne qui connaît la vraie méthode pour dactylographier sera plus efficace et rapide que l'artisan à deux doigts. Le pianiste formé et accompli pourra jouer des passages plus difficiles que l'apprenti qui a appris par lui-même. Or, désapprendre à taper pour réapprendre de la bonne manière est possible. Il faudra du temps et ce sera difficile au début, car il faut se défaire de mauvaises habitudes, mais cela viendra.

Quand tout va mal, c'est un peu la même chose qui se passe. Notre état fait suite à une série d'actions et de réactions qui ont brisé notre équilibre, provoquant des émotions et une tempête intérieure. Comme pour apprendre à dactylographier de la bonne façon, il faut travailler chaque jour sur notre façon de penser. Si, chaque fois qu'il nous arrive une épreuve, nous faisons l'effort de voir les événements différemment en nous demandant si c'est vraiment la fin du monde, nous arriverons à envisager la vie plus positivement.

Nourrir l'espoir, c'est aussi nous entraîner à croire que de belles choses peuvent nous arriver *à nous*. Exercez-vous à vous voir dans de beaux endroits avec des gens que vous aimez. Créez vos propres ambiances et laissez-vous convaincre que cela vous est accessible. Peut-être que vous ne vous retrouverez jamais dans cette situation rêvée mais en vous sachant capable de la vivre, vous vous donnerez le droit d'y accéder.

Se reprogrammer veut dire aussi vaincre ses peurs. Pour penser autrement, il faut d'abord comprendre pourquoi on agit comme on le fait. Il faut demeurer rationnel plutôt que de donner prise à ses émotions. Lorsque tout va mal, on ne se sent pas bien dans sa peau; ce malaise engendre un désir de changer les choses pour se sentir mieux et c'est ce désir qui doit avant tout nous guider dans nos actions.

Ce n'est pas facile de tenter de se convaincre de penser autrement. Par exemple, les parents savent combien il est dur de voir les enfants grandir et partir de la maison. Mais ils doivent apprendre à leur faire confiance en tentant de leur éviter les écueils qu'ils ont connus dans leur propre apprentissage.

En tant que parents, nous avons nos propres convictions sur une foule de sujets. Certains ne peuvent accepter que leur fille fasse l'amour avec son amoureux à quinze ou seize ans; d'autres ont de la difficulté à admettre que leur fils ait les cheveux multicolores ou qu'il choisisse de faire carrière dans les arts. Ces situations, qui peuvent sembler banales pour plusieurs, entraînent cependant des conflits importants dans certaines familles. Les parents sont en colère et les enfants se sentent frustrés. Que peut-on y faire?

L'autorité parentale peut sans doute régler le problème à court terme: le parent empêche le jeune de faire ce qu'il veut. Cela a cependant des conséquences. La communication sera moins bonne entre parents et enfant. Finalement, chacun n'aura jamais expliqué à l'autre ce qu'il ressentait vraiment face au problème.

Un parent me disait qu'il faisait bien des efforts pour tenter de laisser son enfant vivre ses expériences, mais que cela était plus fort que lui, il ne pouvait se résoudre à le laisser libre. Sa raison lui dictait de faire confiance à son enfant, mais son cœur ne voulait pas lâcher le morceau. Cela le rendait malheureux et il n'arrivait pas à prendre des décisions éclairées. Son quotidien était bouleversé et tout semblait aller mal dans sa vie. De fil en aiguille, il ne voyait plus de portes de sortie et les relations s'envenimaient. Après avoir réfléchi et discuté avec d'autres parents, il montra assez d'ouverture d'esprit pour envisager qu'il puisse y avoir plusieurs façons de voir les choses. À ce jour, il travaille toujours à penser différemment. Il comprend que ses enfants ont leur propre vie, leur propre personnalité et leur chemin à suivre.

Le mot juste

Dans ce monde de communications où tout est rapide, il est assez paradoxal de constater que ce que les gens ont le plus de difficulté à faire, c'est justement de communiquer. Bon nombre de problèmes sont causés par une absence de communication ou par une mauvaise communication. Pour toutes sortes de raisons, les gens ont peur de dire ce qu'ils pensent vraiment. Parfois, c'est pour éviter de blesser ou pour ne pas provoquer de chicane. Parfois aussi, la vérité ne nous avantage pas, donc nous cachons nos vrais sentiments. Il reste que si la personne en face de nous ne sait pas vraiment ce dont nous avons besoin et ce que nous éprouvons, il est normal que sa réaction ne nous convienne pas.

C'est très compliqué de communiquer vraiment ce que nous ressentons. La palette de couleurs de nos sentiments est très large. Parfois, nous nous servons de mots qui ne représentent pas tout à fait ce que nous vivons à l'intérieur de nous. Sommes-nous découragés, déçus, tristes, abattus, déprimés? Sommes-nous fâchés, frustrés, enragés? Sommes-nous contents, heureux, joyeux, excités?

À première vue, tous ces mots se ressemblent, mais dans une situation de conflit ou dans une simple discussion avec un conjoint, ils peuvent avoir une signification toute particulière, de sorte que l'emploi du mot juste peut vraiment faire comprendre à l'autre l'état dans lequel nous nous trouvons. Aussi, dans une discussion corsée sur un sujet délicat, il est important de bien se faire comprendre et de bien saisir le point de vue de l'autre. N'hésitez pas à reformuler ce qu'on vous dit et à vérifier si ce que vous entendez est bien ce que l'on veut vous dire.

Quand tout va mal dans notre vie, les mots prennent donc une importance capitale. Dire à quelqu'un qu'on est un peu déprimé n'a pas la même force que lui avouer qu'on est désespéré. Pour débuter, il faut savoir déterminer soi-même ce que l'on ressent vraiment. Remettons donc nos sentiments dans une perspective réaliste. Si je suis un peu déprimé, je pourrai me changer les idées et tout reviendra à la normale dans quelques jours. Le message que j'envoie alors à mon vis-à-vis est plutôt: «J'aimerais bien qu'on sorte un peu ou que l'on casse la routine.» Par contre, si je dis à quelqu'un que je suis désespéré, il me conseillera peut-être de consulter un spécialiste.

Bref, il est très important de déterminer soi-même le degré d'anxiété qui nous habite de façon à recevoir l'aide adéquate. Cela permet aussi d'évaluer l'importance réelle de nos problèmes. Cet exercice facile désamorce souvent une situation.

L'hormone du bonheur

Pourquoi est-ce si compliqué de trouver le bonheur? Ne serait-il pas plus simple d'avaler une petite pilule rose pour rester jeune plus longtemps, guérir de maladies et oublier les tracas? Depuis quelques années, des dizaines de compagnies proposent la vente de la mélatonine sur le Net. Encore interdite au Canada en 2001, cette hormone a été découverte en 1958 par un dermatologue américain, qui a conclu qu'un médicament à base de cette hormone, utilisé en médecine vétérinaire, pouvait apporter des bienfaits aux humains.

La mélatonine est sécrétée par la glande pinéale durant la nuit et elle se fait plus rare après cinquante ans. Selon plusieurs, elle ralentirait les rides, régulariserait le sommeil et pourrait résoudre les problèmes de stress et certaines maladies, alors ils croient qu'en en absorbant davantage, ils pourront vaincre bien des petits bobos. Dans les faits, les études sont encore très préliminaires et les conclusions tardent à venir. Ce que l'on sait, c'est que la mélatonine aide les gens souffrant de problèmes de sommeil, mais tous les autres effets souhaités relèveraient plutôt du mythe. Cependant, des millions d'Américains à la recherche de solutions miracles pour régler leurs problèmes quotidiens l'utilisent sans se soucier des effets secondaires possibles dans plusieurs années.

> *Il n'existe pas de recette pour nous rendre*
> *heureux. C'est plutôt un travail intérieur*
> *qui demande beaucoup de courage, de temps*
> *et une grande ouverture d'esprit. Mais, comme*
> *dans toutes choses, le résultat d'une longue*
> *démarche réussie est toujours valorisant.*

Après la crise

Toute période difficile peut être très éprouvante, mais aussi très enrichissante. Encore une fois, tout est une question de perception. Si nous sommes en mesure de comprendre ce qui vient de se passer et si nous pouvons en tirer des leçons pour l'avenir, nous aurons grandi.

Cerner les circonstances qui nous ont plongés dans cette crise nous permettra d'avancer. Par exemple, une fois la séparation de couple réglée et acceptée, il n'est pas rare d'entendre l'un des deux conjoints raconter qu'il n'avait pas vu venir les choses mais qu'avec le recul, il revoit certains détails de la vie quotidienne qu'il aurait dû percevoir alors comme des signes de malaise. Peut-être pourra-t-il éclaircir plus rapidement les situations confuses avec un prochain conjoint.

Réussir à se souvenir à quel point on se sentait mal dans sa peau au moment des événements peut également inciter à s'occuper plus rapidement des problèmes qui surgissent pour ne plus revivre pareille tension. Savoir exactement quel chemin l'on a pris pour se sortir de la crise permet aussi d'accroître son bagage de solutions et d'expériences. La démarche est, en fait, plus importante que le résultat. Quel-qu'un disait que le succès n'a pas toujours aussi bon goût que le chemin qu'on a pris et les efforts qu'on a mis pour y arriver.

Si nous réussissons à nous sentir mieux dans notre peau après avoir vécu plusieurs semaines difficiles, il ne faut pas passer par-dessus les événements sans apprendre les leçons qu'ils recelaient. Qu'est-ce qui vous a aidé en cours de route? Était-ce un élément extérieur comme les conseils d'un ami ou encore le fait de partir en voyage pour arriver à voir les choses autrement? Était-ce plutôt le fruit d'une longue réflexion au cours de laquelle vous avez décidé de considérer les choses sous un autre angle? Qu'est-ce qui s'est passé au juste pour qu'un matin, en vous levant, vous décidiez que ce jour serait différent?

Après avoir refait mentalement le chemin parcouru, en gardant en soi les bons conseils reçus et les bonnes déci-sions prises, il faut maintenant envisager l'avenir avec opti-misme. Nous aurons sans doute à traverser d'autres périodes difficiles au cours de notre vie, mais nous voilà au moins mieux outillés pour y faire face. Dans une épreuve, nous découvrons parfois un ami, la force d'un conjoint, notre propre force intérieure. Nous découvrons aussi, hélas! que des gens en qui nous avions une confiance absolue n'ont pas réussi à être à la hauteur.

Une fois sortis de la crise, il faut aussi éviter de repro-duire les mêmes modèles qui nous y ont conduits. Nous saurons maintenant que telle ou telle circonstance entraîne telle ou telle réaction et que cela est néfaste pour nous. Nous saurons mieux reconnaître un élément déclencheur qui provoque colère ou peine. Nous deviendrons plus sensibles aux événements en sachant prendre du recul plus rapidement face à eux, de manière à éviter d'y être plongés à fond en perdant toute notion de la réalité. Nous saurons enfin reconnaître les moments où ce sont les émotions qui nous mènent.

Après une crise, nous pourrons également prendre certaines décisions qui changeront notre quotidien. Quelques-uns auront appris à dire non; d'autres partiront du bureau plus tôt pour entretenir un meilleur climat familial; d'autres encore auront compris qu'ils ne sont pas parfaits et ils sauront être plus tolérants envers eux-mêmes et les autres.

La déprime, le burnout *et les étapes*
de la vie où tout semble aller de travers
ne sont pas des échecs. Ils sont un signe
(parfois sévère) que des choses doivent changer
dans notre vie. Ils nous permettent de connaître
nos limites, de déterminer nos priorités
et de réorienter notre vie.

Et vous, que faites-vous quand tout va mal?

L e fait que tout va mal dans notre vie relève davantage du domaine des émotions que du rationnel. Dans ces cas-là, nous avons beau tenter de nous convaincre que nous devons nous fouetter pour reprendre le contrôle sur les événements, mais en vain. Ce sont nos émotions qui montent à la surface et qui, malheureusement, dirigent notre vie pendant quelques heures, quelques jours, voire quelques semaines.

Aussi, pour lutter contre les mauvaises influences d'émotions négatives, il ne sert à rien de se faire du mal en se disant que l'on est nul ou incapable de réagir. Cela ne fait qu'empirer la situation. Remettons d'abord les choses dans une perspective réaliste. À ce sujet, j'aimerais partager avec vous les commentaires de l'humoriste québécois Pierre Légaré, qui a généreusement accepté de répondre à la question suivante: «Que faites-vous pour vous sortir d'une période où tout va mal?»

Pierre Légaré: «Du recadrage. En bon français, je ramène les choses à leur juste dimension. Ce n'est pas vrai que "tout" va mal, même si on a parfois cette impression. Si on commence par réaliser que ce qui va vraiment mal, c'est seulement un ou deux aspects de sa vie et que c'est bien peu de choses à comparer avec ce que subissent tous les jours, depuis leur naissance et jusqu'à leur mort, trois milliards d'humains sur terre, ça commence déjà à aller mieux!

«J'essaie ensuite de voir le malheur qui m'arrive comme une chance. Une chance d'apprendre à ne pas refaire la même gaffe, une chance de changer une mauvaise habitude, une chance de découvrir mes vrais amis, une chance de découvrir une de mes faiblesses mais aussi une de mes forces, une chance d'en sortir enrichi, meilleur, grandi.»

Chacun de nous doit trouver sa propre façon de surmonter les problèmes parmi toutes celles qui sont proposées. Une formule qui fonctionne pour un ne sera pas nécessairement la bonne pour un autre. L'important, c'est de prendre conscience de qui l'on est et de faire l'effort qui s'impose pour changer les choses. Pour l'artiste québécois devenu sénateur, Jean Lapointe, la vie vaut la peine d'être vécue, malgré toutes les embûches. Ce grand homme de cœur a accepté de partager sa vision des choses.

Jean Lapointe: «Je dois avoir la tête dure au nombre de tuiles reçues depuis trois ans (la perte d'êtres chers que j'aimais tellement… mes deux frères Anselme et Gabriel, mon beau-frère Guy, ma cousine Laurette et, finalement, ma femme Cécile)!

«Mais je suis toujours là et même si, parfois, je traverse des périodes de nostalgie, je crois toujours que la vie vaut vraiment la peine d'être vécue. À mon avis, la meilleure façon de traverser ces jours sombres est de prendre les épreuves une à une et de vivre ces coups durs une journée à la fois, en partageant sa douleur avec une personne que l'on affectionne, sans crainte de pleurer lorsqu'on a trop mal.

«Le partage est une soupape à la grande douleur...

«Ce qui m'a beaucoup aidé, c'est que j'ai participé à des activités que j'affectionnais, même si le cœur n'y était pas. Si on a la foi, on peut aussi demander à l'Être suprême de nous donner le courage de passer au travers et d'espérer que le soleil brillera à nouveau dans un futur rapproché.»

Il faut se laisser du temps pour régler ses problèmes ou pour qu'une plaie se referme. Malheureusement, le temps est ce dont nous disposons le moins dans ce siècle de fou. Il n'y a pas vraiment de recette miracle pour sortir d'une impasse rapidement. Il faut surtout saisir la période où tout va mal comme un moment privilégié pour nous interroger sur notre façon de vivre et, au besoin, apporter les modifications qui nous permettront de nous sentir réellement mieux dans notre peau.

Sites Internet suggérés

www.canoe.qc.ca/artdevivre Conseils mieux-vivre
www.loutice.com The Pacific Institute
www.construire.ch L'estime de soi
www.institutderelooking.com Coaching et relooking
www.predestinee.com Le pouvoir des pierres
www.encyclopédia.yahoo.com Les médecines alternatives
www.redpsy.com/infopsy Les émotions
www.fed-taichichuan.asso.fr Le tai-chi
www.doctissimo.com Conseils santé
www.chez.com/brunofortin Psychologie et motivation
www.hc-sc.gc.ca Santé Canada

Table des matières